荆楚文化丛书
（胜迹系列）

丛书主编／丁凤英
本系列主编／徐士杰

荆楚古镇沧桑

Jingchu Guzhen Cangsang

◉ 李百浩　刘　炜／编著

WUHAN
PUBLISHING HOUSE
武汉出版社

(鄂)新登字 08 号

图书在版编目(CIP)数据

荆楚古镇沧桑/李百浩,刘炜编著.—武汉:武汉出版社,2012.8
(荆楚文化丛书/丁凤英主编.胜迹系列)
ISBN 978-7-5430-6991-6

Ⅰ.①荆…　Ⅱ.①李…②刘…　Ⅲ.①乡镇—介绍—湖北省
Ⅳ.①K926.3

中国版本图书馆 CIP 数据核字(2012)第 098739 号

编　　著:李百浩　刘　炜
责任编辑:李　俊
装帧设计:刘福珊
出　　版:武汉出版社
社　　址:武汉市江汉区新华下路 103 号　　邮　编:430015
电　　话:(027)85606403　85600625
http://www.whcbs.com　　E-mail:zbs@whcbs.com
印　　刷:武汉精一印刷有限公司　　经　销:新华书店
开　　本:720mm×1000mm　1/16
印　　张:13.75　　字　数:275 千字　　插　页:4
版　　次:2012 年 8 月第 1 版　　2012 年 8 月第 1 次印刷
定　　价:28.80 元

序

尹汉宁

　　荆楚文化源远流长、博大精深，在中国文化的版图上拥有重要位置。湖北是荆楚文化的发祥地，具有历史文化、红色文化、旅游文化、少数民族文化等多方面深厚的文化积淀，文化名人、文物古迹、文化遗产数不胜数，悠远厚重的历史底蕴为湖北文化建设乃至经济社会发展留下了独特而宝贵的文化资源和精神财富。

　　省委书记李鸿忠同志指出，深入贯彻落实党的十七届六中全会精神、推进湖北由文化大省向文化强省跨越，关键是要将湖北丰富的文化资源转化为文化力量、转化为文化产品、转化为文化事业和文化产业。这就需要我们深入挖掘、系统研究荆楚优秀传统文化，在文化认同中提升文化自信，在文化传承中增强文化自觉，为文化资源优势向文化软实力和文化生产力转化奠定坚实基础。

　　《荆楚文化丛书》由湖北省炎黄文化研究会组织省内五十余位专家学者，历时三年编撰而成。丛书分胜迹、史传、学术、艺文四个系列，每个系列由十卷组成，凡四十卷，约一千二百万字，首次对荆楚文化进行了全方位研究，堪称湖北历史文化研究与普及的鸿篇巨著。期望全省干部群众特别是广大文化工作者，通过阅读和学习《荆楚文化丛书》，从湖北丰富的文化资源中汲取智慧和力量，以更加强烈的文化自信和文化自觉，奋力投身建设文化强省的伟大实践！

　　是为序。

（作者为湖北省委常委、宣传部部长）

目 录

绪　亦山亦水的荆楚古镇

　　湖北地处长江中游,山多水足,人杰地灵,物产丰富,历史悠久,文化灿烂。宋代以来,特别是明清时期,湖北境内形成了诸多具有日常生活、商业、交通等功能的古镇,它们以居民聚居地和草市为基础发展而成,以老街道的形式构筑小城镇的基本骨架与雏形,以店铺、民居和公共建筑构成镇的主体,包容着居住、生产、贸易、社交等丰富的生活。

　　这些古镇各具历史价值与风貌特色,有的作为当地水陆交通中心,是闻名遐迩的客流、物流集散地,如赤壁新店镇、赤壁羊楼洞镇;有的在革命历史上作出过巨大贡献,曾为革命政权机关驻地而闻名于世,如红安七里坪镇、阳新龙港镇;还有的集中反映了湖北地区的风土人情,展现了民族文化与传统建造技术,如鹤峰县五里坪镇……虽饱经历史的沧桑,但荆楚古镇仍较完整地保存至今,仍然散发着独特的艺术魅力,它们是湖北地域文化的载体,是重要的不可再生的人文景观和历史文化遗产。

第一节　沧桑的历史

　　古镇的起源最早可追溯到秦汉时期,历经起源→发展→兴盛→逐步衰落的历史过程,逐步从原始的草市与军镇发展为繁华的商业市镇,是中国古代城镇体系的重要组成部分。湖北自古有"九省通衢"之称,水运体系尤其发达,因此,古代湖北小城镇的数量、规模与作用在当时可谓举足轻重,涌现过汉口镇等全国闻名的商贸重镇。

一、源于汉唐

古代小城镇发端于汉唐时期的草市、军镇，它们是小城镇的最初雏形。

草市，亦称墟市，是古代农民与乡村手工业者进行交换的最直接场所，是相对于官方规定的正规市而言的，即国家规定的州县坊市之外的交易场所。此类集市最初自发兴起，且散布于城外农村地区。这种场所在南方称"墟市"，北方称为"草市"，都是定期集市。

草市在汉代只是零星出现，到两晋南北朝时期，不仅数量明显增加，而且引起政府的重视，开始在市中设置官吏，进行管理。及至唐代，虽然对市的设置有严格的限制，一度曾规定"诸非州县之所，不得之置市"。但随着社会经济的繁荣，草市的进一步兴起已呈不可阻挡的趋势，特别是在水陆交通沿线经济发达地区，草市更是大量涌现。草市的日趋繁荣吸引了越来越多的富商大户来此定居，使之作为一种社会实体不断向城市形态发展。杜牧《上李太尉论江贼书》曾谈到江淮间的草市，谓"凡江淮草市，尽近水际，富室大户，多居其间"。

军镇也是商业性小城镇的起源之一。按现存文献考证，镇的产生可追溯到十六国时期，如前秦姚苌曾设置杏城镇。而作为一种军事据点，镇的广泛兴起始于北魏。魏太武帝时，在长城沿线设武川、抚冥、怀朔、怀荒、柔玄、御夷六镇，以防御北方游牧民族贸然的入侵，此为镇成制度的正式出现。此后镇的设置由边境扩散到内地要冲地带，并为东魏、西魏、北齐、北周以及南朝宋、齐、梁、陈各代所沿袭。

进入隋唐后，军镇的设置更为广泛，其制度趋于完善。至唐后期和五代十国，藩镇割据的局面愈演愈烈，许多镇成为一股独立的军事和政治力量，影响越来越大，而所在地区的州县政府则沦为任其随意摆布的附庸。

二、初成于两宋

随着军镇演变为设有监官的一定规模的商业中心地，以及草市内固定商店与人口的增加，两者均为贸易场所，都具有商业性，区别越来越小，"市镇"一词日益成为它们的通称。以后，历代基本延续宋代的"以县统镇"的办法。

市镇具有固定的交换场所，比有时间间隔的墟市优越得多，其本身又有多类作坊和行铺，因而成为地方市场中贸易交换的重要组成部分。它处于州县与乡村之间,作为一个中心环节,既能直接同乡村进行交换,又能够同州县贸易。在湖北,市镇的出现,将江陵、襄阳等商业都市与乡村联系在一起,形成了湖北地方商业市场网络。

北宋时期,江南地区已取代黄河中下游地区成为全国的经济重心。宋室南渡,促使了中国历史上第二次北方人的大迁徙,"中原士民,扶携南渡,不知其几千万人"。继而南宋政权偏安江南,随着政治中心的南移,我国经济中心也完成了南移的过程。沿着长江流域,形成了以杭州为中心,包括鄂州、江陵、成都等地经济网络。湖北的市镇在宋代也如雨后春笋般兴起,构成社会经济发展和繁荣的一道独特风景。北宋时期,全国的镇发展到1800多个,湖北地区就有100个左右,可见湖北市镇已经初具规模。

三、繁盛于明清

随着农业和手工业经济的日益发达,明清的商品经济得到空前发展,商品日益丰富、商品流通量不断增加,崛起了一些地区性商业集团,其中较著名的有徽州的徽商,山西的盐商,福建的海商等。海外贸易也得到空前发展,丝织品、瓷器、茶叶等远销海外。社会经济的繁荣刺激了城镇化的提高,商业性市镇在全国普遍建立。如果说宋元两代是古代市镇全面兴起阶段的话,那么明清时期(明中叶到鸦片战争),市镇处于繁盛的发展阶段,市镇经济地位迅速上升,开始取代县城成为新的经济中心,少数大型市镇甚至超越府州县城成为区域经济中心。

在湖北地区,不仅市镇数量增加,规模不断扩大,而且专业化分工日趋精细,市场等级网络臻于完善,城市特征愈显成熟,在一定程度上可以说代表了整个中国古代市镇发展的最高水平。按规模大小,湖北市镇可分为四个层次:一是特大型市镇汉口,汉水改道后至清中叶,汉口已发展成全国特大性的市镇,号称"天下四聚"之一;二是大型市镇沙市、宜昌,它们在长江流域及华中地区的商业贸易中占有重要地位;三是大批在湖北不同地域有较大影响的集镇,如仙桃、老河口、樊城、阳逻、岳家口等,它们是联结城乡的纽带,是大市镇繁荣的基础;四是为数众多的名为"场"的小集市,它们是农村消费者交易产品的主要场所。这几个层次的市镇相互联动,构成了湖北独特的市镇体系。

这一时期的市镇规模较大,功能完善,居住、商业、生产加工、服务等多种功能都高度集中,而且建筑形制也基本确定,街廊、天井、天斗等特色构造和构建也基本成型,湖北地区很多现存实例是明清时期所遗留的。

四、分化于近代

鸦片战争后,帝国主义势力由沿海渗入湖北,湖北进入近代发展时期。汉口、宜昌、沙市先后被辟为商埠,加上张之洞督鄂,推行新政,湖北的工商业一片繁荣,成为近代中国的政治、军事、工业、商业中心之一。此时,湖北市镇以其独特的区位优势、对外开放、工业化等因素的交汇作用,成为全国市镇最发达的地区之一,至此以江、河为载体的市场网络体系发展到了高潮。

在近代,曾经的大型市镇经过近代城市化后,逐步发展成为具有现代特征的城市,如汉口、宜昌等;由于1930年以后的抗日战争与内战,以及公路交通的兴盛等社会、经济原因,曾经辉煌的一批中小市镇在现代化进程中转型,历史风貌荡然无存;有幸保存下来的老镇区,也丧失了以往的经济地位,由商业街市逐渐衰落,转变成居住区,逐步走向沉寂。

第二节　觅山水而居

中国古代的城市,特别是都城的建设,大多是先有周密的规划,然后是有计划的营建。而大部分荆楚古镇的建置并没有刻意的规划,其形成、发展具有明显的自发性。它们大都位于交通要道,因移民、商业、军事等各种因素而聚集住户,渐渐发展为市镇,其空间形态深受环境因素的制约,尤其是交通道路或者河道的影响,呈现出与环境共生的自然图景。

一、镇域格局

荆楚古镇的镇域包括城镇的新镇区、历史镇区及其周边自然与人文环境。在人与自然的相互作用中,新老镇区与山水环境呈现出独特的整体空间格局与形态,是古镇形成"个性"的根本原因。

（一）镇域结构

湖北是一个农业耕作发达的地区，山多、水多，田更多，镇域整体主要是由山、水、田、镇四大特色要素及其子要素构成。镇域空间外环为自然山水，内核为人工城镇街区，外环与内核之间就是半自然半人工空间，包括垸田、人工河渠等。这种"行云流水绕田家"的空间结构有着不同于城市、乡村等聚落的独特特征，具有强烈的自然与人工交织的气息。

（二）落址布局

根据商业与居住的需求，并顺应于传统的风水理念，荆楚古镇一般选址于山边、水旁及交通道路沿线。

靠近码头处：水路，是古代货物交通的主要途径，只要是有舟楫之便的地点，码头周围就有市街形成。具有较好运输条件的码头是货物主要集散地，人口聚集多，商业发展快，临水边的街屋民居发展迅速。不过街道要与河道保持适当的距离，以避免洪水泛滥的灾害。

山间与平原、水流的交会处：湖北东、北、西三面环山，山地的资源众多，物产丰富，其开采出山后的货物往往需要交易、运输的转运点，故通常在山脚处形成市街。同时，这些地方还具有重要的军事地位，也是古镇形成的重要原因，如三峡老街、大溪老街、钟祥张集镇等。

传统商业道路沿线：自古在很多地区间都有区域的商业往来，定时的商业往来也形成了一些地区之间的商业流通线路，如贯穿多省的古"川盐古道"、起自湖南湖北交界的"茶叶之路"，在这种商业流通线路上也存在很多带有街屋民居的古镇，如赤壁羊楼洞。羊楼洞古镇位于湖北省赤壁市，始建于明万历年间（1573—1619年），是著名的"砖茶之乡"。羊楼洞古镇可以说是因茶而起、因茶而盛。整个古镇的形成与演变都与当地茶叶加工、茶叶贸易发展密不可分。

二、平面形态

（一）平面形态演变

根据城镇演进的基本规律并结合湖北古镇的实际情况进行观察，古镇聚居形态演进过程通常分为五个阶段来进行：

点状生成：古镇处在低级阶段时，其形态基本上取决于古镇所处的地理条件，如地势的高低与河流道路的分布确定了聚落的基本形状。由于此阶段聚居的规模很小,还没有成为地域的贸易中心,其轴向发展趋势并不强,基本为点状,但从松散的布局中已有沿河及道路发展的倾向。

线性连接:当古镇作为小范围地域中心发展时,其轴向发展开始萌发。由于聚居规模较小,经济基础差,故此阶段聚落形态的街道数目较少,有的聚落只有一两条街道,形成了带状的古镇形态基础。

骨架生长:一些古镇由于交通条件便利,地理位置适中,而作为地域中心,影响范围越来越大,聚集的规模进一步发展,形态中的街巷伸延得更长,有的还生长出新的分支。

块状填充:古镇的街巷延伸并不是无限的,当城镇经济发展的速度缓慢下来,影响的区域范围达到饱和时,古镇的变化便开始集中在城镇内部的调整上,经过长期的自我完善,古镇街巷之间的空地被添补,古镇形态逐渐"丰满"起来。

新区扩展:现在,随着公路交通成为主要交通方式,城镇沿着公路急剧扩张新区,形成"新旧并置"的城镇格局。

(二)平面形态类型

由于古镇发展的历程与作用因素不一样,古镇发展最终呈现出不同的形态。

带(条)状平面形态:此种类型往往由于经济、交通的需要而自发、逐渐生成,以聚居等级相对较低的集镇为多。由于不受正统的建城思想限制,主要受到外部因素如自然条件的因素或道路的影响,其形态都是明显地沿经济—交通单线发展,最终形成带状的形态结构。

鱼骨状形态:这种类型可以看作是带形在水平空间上与次级带形的双向复合而形成的主干分明的一种古镇形态,是种较大规模的古镇空间。它通常有一个主中心和主生长轴(街道)与多个次中心(生长点)和次生长轴(街巷),主生长轴沿自然地形曲折变化,基本平行于河流或者等高线,而次级生长轴则多垂直于河流或者等高线,次级建筑簇群以团、组的形式组织在树枝形的骨架之间。

不规则形态:此类型的形成多为地形因素影响所致。古镇受到自然地形的制约,在扩张过程中由于周边不利的用地条件,在不同方向的外力引导作用下,聚落也顺应其生长,因而在外部形态上,呈现出一种指状分布,呈现不规则形态,但团、组关系明确,主次分明。

第三节　繁华于街巷

一、街巷结构

街巷是湖北古镇物质形态要素中最重要的要素之一,它是城镇的脉络,是反映城镇肌理的重要因素,是古镇容纳居民生活的场所,人们对湖北古镇的印象主要是通过它的街巷来获得的,因此解析街巷空间是介绍湖北古镇的关键。

鱼骨状模式:在湖北,大多数古镇规模较小,往往只有一条或两条主街道。受复杂地形地貌的制约,街巷的生长采用鱼骨状模式,即以主街道为骨架,两侧巷道呈枝状拓展,形成层次分明、脉络清晰的鱼骨状街巷格局,这种格局能够灵活适应地形地貌的复杂变化,因此也是湖北城镇最常见的构成形态。

网状模式:在一些较发达的古镇,有数条主街道。但不同于现代城镇追求均衡的"格网道路",由于古镇地形的起伏多变,街巷布局只能根据基地条件"随弯就弯",自由灵活,形成不规则网状。网状街巷通常以两条以上的街道作为城镇道路"主干",然后从这些"主干"上生长出许多背街巷道,这些巷道有的是尽端式的,有的又彼此相通。

二、断面形式

在湖北古镇的街巷中,空间在平面、立面与断面上充满变化。尤其是在断面形式上,建筑与街道的剖面关系因湖北独特的自然气候条件而不同于其他地区,形成具有一定识别性的地域空间领域。

无檐式:街巷两侧建筑屋顶采用不出檐或浅出檐的形式,街巷断面形成U形。空间三面围合,只有顶面是敞开的,屋檐式街巷是湖北北部古镇中较为常见的街巷形式。

挑檐式:挑檐式街巷的两侧建筑采用大出檐的形式,檐口出挑深远,可以达到1.5米~2米,街道与店铺之间形成了一个过渡空间,临街店铺里的商品陈列一直从店内延伸到檐下,扩大了店铺的空间尺度;既解决排水、保护了墙体,又可获得檐下庇护空间,居民可以在檐下休息、娱乐、做家务等等。

街廊式:街廊式街巷两侧建筑出檐到达一定程度,以柱支撑,由列柱将街道划分为明显的街心和街廊两部分,形成宽敞的街廊街道。街廊以木柱承檐,柱下托以石磉墩。街廊作为街道向室内过渡的缓冲空间可以满足商业活动的需要,同时也非常适应南方时晴时雨的气候特点。

过街楼式:在用地较为紧张的古镇中,过街楼是一种常见的街巷空间形式,通常采用底层架空,为公共交通空间,在二层以上建房,作生活居住之用。

穿廊式:在大悟双桥镇还有一种特殊的穿廊式。街屋的沿街面为三开间,少数为五至六开间,纵深多在三进以上。街屋主入口选择临街一侧,入口形式比较独特,采用宽约1米的穿廊作为入口通道。市集时穿廊用铺面门关闭,只开启其余开间铺面。由主街经穿廊进入第一进天井,进入后部住宅范围。后部住宅各进天井之间均通过这种穿廊联系,只是不再设门。这种穿廊的做法既能便捷的联系各进天井住宅,又能在临街面减少商铺面积的损失。

三、街巷功能

在古镇中,街巷不仅是交通的道路,而且是承载古镇交易、生活、生产的重要室外场所。

交通联系功能:交通联系是街巷的基本功能,对湖北古镇来说,这一功能主要表现在两个方面:对外,城镇街巷(特别是城镇主街)是区域性的交通节点,是往来各地的枢纽;对内,它是联系城镇各功能区的主要通道。

商业经济功能:古镇因街成市,街道就是主要的商业空间。每天清晨,街道上的人们起来后将店铺的木排门拆下,把店内的各式货物摆上临街的柜台,开始吆喝叫卖。街上的行人络绎不绝,或驻足大声与店铺内的商家攀谈着价格,或踱着步从挂在柜台上方的商品中挑选着自己中意的商品。附近乡下的农民则用扁担挑着一筐筐的小菜、家畜,坐在店铺前的那一溜青石台阶上等待着买家。

休闲交往功能:湖北古镇用地紧张,城镇内缺乏集中的公共活动场地,街巷空间自然成为城镇最重要的户外活动场所,丰富的空间形式为社会生活场景的展开提供了充分的条件。

生活辅助功能:街巷的生活辅助功能一般包括通风、遮阳和避雨等。

第四节　朴实之建筑

一、店铺街屋

　　店铺街屋是集合商业功能的综合性住宅,在湖北古镇非常普遍。古镇以商业贸易功能为主,居民大多直接从事商业经营,各种各样的店铺沿街而建,有商铺、药铺、茶馆、酒肆、客货栈房等等,这些规模不大的店铺与经营者的居室结合在一起,就形成了店铺街屋。

　　常见的店铺街屋形式有"前店后宅"和"下店上宅"两大类。当地形坡度平缓、店铺经营的项目所需营业面积较小时,为获得更多的居住面积,而建筑在争取不到大面宽的情况下,则唯有向垂直于街道向纵深方向发展,形成窄面阔,大进深的"前店后住"平面布局;当地形坡度大、建筑进深空间有限,或者店铺经营的项目所需营业面积较大时,通常采用"下店上宅"的布置形式。

　　沿至今日,随着古镇的商业功能逐渐萎缩,店铺街屋逐渐被普通纯住宅所代替。但经仔细观察可以发现,建筑临街部分存在着原有铺面的历史痕迹,如石质的柜台台基等。

二、工坊街屋

　　工坊街屋是集合手工业、商业等功能的综合性住宅。古镇自给自足的自然经济模式形成了古朴、原始而又不可或缺的手工业,古镇中集聚了各类手工业作坊,这些作坊有些与商业贸易活动有关,有些与古镇居民生活相关,有些则与农村居民的生活生产相关,如从事农副产品加工的糟坊、油坊、粉坊、榨菜坊,从事纺织生产的丝坊、染坊、棉花铺,从事盐业生产的盐场,以及从事金属加工的各类匠铺等等。传统的手工业作坊通常与从业者的住宅结合在一起,采用家庭作坊式的生产模式,将商业、作坊以及居住等多功能的要求集于一身,实现产、销、住结合,形成了工坊街屋。

　　工坊街屋的平面布局特色与店铺街屋较为近似,只是功能组织更为复杂,一般有"上住下店后坊"、"前店内坊后住"等类型。工坊街屋的空间划分与所事经营行业的工艺流程与工艺要求有关,为了减小生产与生活间的相互干扰,工坊的出入口一般较店宅多,除了临街面以及背街面设人流出入口外,一般在背街面都还有单独的出入口直接通往作坊,以方便物流的进出。工坊街屋的规模视功能而定,一般从事精细加工类的匠铺,如金属加工铺、钟表修理店等规模较小;而一些酿造作坊、面粉作坊等则因制作工艺复杂、生产量大而需要较大的规模。

三、公共建筑

在湖北古镇中,常有会馆、宗祠、寺庙、教堂等公共建筑,对人们的日常生活起凝聚和纽带作用。

(一)会馆

会馆是旧时同省、同府、同乡或同业的人设立的联络机构,主要供同乡、同业聚会、祀神、联络感情、互通信息、调解纠纷,对保障客民自身的合法权益,协调各地缘关系之间产生的矛盾,具有独特的社会意义。建筑风格既吸收了各地的精华,又具有强烈的地域特色,反映出各方外来文化与地域文化的交融并蓄。发展至后期,各省会馆建筑布局形制已基本相同,而不同地源会馆的地域文化特色与俗尚风格,则在建筑的造型与装饰上表达出来。

(二)宗祠

明代立庙祭祖开禁以后,湖北古镇各姓人等为联宗结谊,均建有宗祠。宗祠是执行族权的地方,以"敬祖收族,劝善解纷",处理宗族内部事物、协调与外族的关系。宗祠建筑是一个家族的活动中心,是宗法观念、祖先崇拜等传统思想的集中体现,它提供了一定地域内族人互相联系的依据,同时也成为地方社会的公共领域。

宗祠作为家族精神感召的重点建筑,在处理内外空间时,更注重精神、宗族意识的强化,形成强烈的威严和凝重感。祠堂的立面造型一方面追求庄重威严的效果,另一方面则力求显示出宗族的财势和威望。从立面效果上来看,祠堂的窗洞部分的比例较小,封闭性较强。祠堂的色彩元素的构成与民居传统元素较为相似,同时又具有较为独特的元素。在建筑重要的装饰部位上、如柱础,石基、檐口和梁柱等处,又精雕细琢装饰繁复。宗祠建筑是介于宗教建筑与民居之间的一种建筑类型,宗祠较之民居建筑更多了一份华丽,较之宗教建筑又多了一份雅致。

(三)寺庙和教堂

湖北古镇自古闭塞落后,百姓生存条件艰辛,为宗教兴起提供了社会基础,宗教信仰呈现出多元性、世俗性,并具有与民众生活息息相关的现实意义。

湖北古镇常有佛、道寺庙,这些寺庙建筑风格各异,构造精致,神像造型栩栩如生,体现了历代劳动人民精湛的建筑和塑造技艺。寺庙大多占据镇中风水要害之地,藏风聚气,环境优美。庙宇或依山面水、诸山来朝;或独立于制高点,一览古镇小;而镇江的庙宇则临江而建,守居水口要害。寺庙建筑平面形式各异,一类是官式的庙宇建筑,多为官府出资修建的佛、道寺庙。官式庙宇多为多进院落式,强调规整对称,建制与会馆、宗祠建筑大致相同。官式庙宇平面布局一般由正殿、厢房、戏台三大部分围合成四合院,有的殿前还设月台,是庙宇持事及舵把子的观戏场地。另一类坛庙是民居化的庙宇建筑。与民众较为贴近,多为群众集资修建的民间庙宇。在建筑造型上与民居形式更接近,平面格局上较为自由,规模较小,也不及官式庙宇华丽。

与宗祠、会馆等公共建筑一样,寺庙也是古镇文化娱乐、公共活动的载体。每逢赶场日和庙会,古镇及周边居民纷至沓来,络绎不绝,期间常有戏剧或杂耍表演。这时,庙宇的内庭院就构成了观演、商贸等公共活动的场所,因此而具有多元功能场所的布局特色。

除主要的佛、道寺庙、道观以外,湖北古镇中还有天主教堂、清真寺等,这些教堂大多出现于近代,规模较小,具有地方特点。

(四)戏台

湖北是一个多民族聚居的地区,少数民族大多能歌善舞,常有丰富多彩的戏曲、歌舞等民俗活动,这就促成了观演建筑的出现。如汉族和土家族通常有专门的戏台建筑,而山区苗族等的演出活动多在露天空地上进行。一般来说,戏台建筑平面以"凸"字形、T形为主,平面布局有明显的分割,其中包括舞台空间以及给演员化妆、换装准备的后台空间。舞台空间一般拔高,视线开阔,有些还在舞台空间减柱以避免影响观看表演。如今保存下来的戏台以砖木结构居多,年代也较为久远。

四、住宅建筑

除了街屋这种商住两用型的建筑外,古镇还有大量纯住宅建筑。古镇的普通纯住宅多为非院落建筑或简单的院落建筑,如二合院、三合院,以及简单的四合院等等。普通住宅多附于巷道而建,简朴平实,紧凑集约。普通住宅的组成包括堂屋、退堂、卧堂、厨房等主要部分,以及贮藏间、杂务间、副业间、挑廊、过间等辅助部分,厨房之后一般设有后院,作为植栽与畜养之地,也可获春华秋实之趣,个别土家族聚居地区的湖北古镇如野三关等还有火塘间的设置。堂屋兼生活与生产、起居与交通等多方面的功用。卧室壁面开窗,洞口不大。居住空间主次分明,布局均衡,功能明确。

地主绅商的住宅建筑多为大型宅院,规模较大,形制规整,舒散宽敞,常由几进院落组成,布置豪华,有的甚至包括私家园林。

第五节　文化的瑰宝

湖北古镇是具有独特格局风貌和深厚文化内涵的人类聚居地,它们的存在反映了人类历史上非常重要的一种经济和文化现象,不仅有着重要的研究价值,同时对当今的城市建设、新农村建设,甚至包括爱国主义教育等诸多方面工作有着积极的启示意义。

一、宝贵的历史文化遗产史料

回顾历史,湖北无论在经济上还是在文化上都处在全国的前列,湖北古镇最直接地记录了这一地区各个历史时期人类的衣、食、住、行等生活状况,反映了经济体制、生产力、生产关系等社会状况,体现了该地区的传统哲学思想、道德伦理观念等深层次文化内涵,因而它是民族文化与地域文化的典型体现和物化写照,为研究人类文化发展提供了重要的史料依据,具有高度的历史文化价值。

二、生动的爱国主义教育基地

湖北古镇有着光荣的革命历史传统,很多古镇曾经是革命根据地的首府,至今仍保留了大量的国家、省、市县级文物保护单位,很好地记录这一段光荣的红色历史,有着重大的爱国主义意义和历史价值,是重要的爱国主义教育基地。特别是在提倡开展"红色旅游"的今天,湖北古镇可以作为重要的旅游资源开发,是"红色旅游"不可缺少的旅游目的地,能够带来巨大的经济效益与社会效益。

三、优秀的城镇规划建筑实例

湖北古镇中所体现的人与环境的高度和谐、人与人的相互关系、经济的观念、家庭的观念、人的心理与居住的空间层次的契合等,都是人们在不断地与自然、与社会相互融合、相互协调的基础上逐步形成和成熟的,并达到了非常高的水平,在中国城镇规划和建筑艺术史上具有重要的价值。而这正值得当代城市规划师与建筑师学习,以创作出真正体现"以人为本"的城市与建筑作品。

四、浓缩的市镇经济研究范本

湖北古镇是历史上中国经济最活跃的地区之一,尤其在经济封闭的封建体制中出现了自由灵活的市镇网络和经济体系,对中国近代经济的发展产生了积极的影响,同时也为湖北古镇的建设和文化的发展奠定了基础。今天,湖北一直在研究如何"中部崛起",如何建立城市群,如何有效的提升区域经济发展水平,对湖北古市镇经济的研究将带来有益的启示。

五、重要的地方风貌展示窗口

羊楼洞、瞿家湾、周老嘴、新店等古镇虽然历经千年,仍然保存了完好的市镇格局和传统风貌。古镇内分别保留有大量建造于公元15—20世纪初的传统建筑和古街、古巷、石驳岸、石河埠、石拱桥、石栏杆等。古镇中民风淳朴,依然保持着富有特色的民俗文化和岁时习俗,在独特的地方风情中透出浓浓的文化底蕴和温情的人性关怀,充分体现了自然、艺术和哲学的完美结合。因此,保护以羊楼洞、瞿家湾、周老嘴、新店为代表的湖北古镇,对保护好湖北地域文化的整体性、多样性和独特性具有重要的意义。湖北古镇作为展示湖北与中国文化的又一典型实例,将越来越受到世人的瞩目。

第一章 因兵而兴——罗田胜利古镇

"古镇沧桑留旧痕,百年风雨催新生,商贾风流今犹在,薄刀峰秀胜利春。"沧桑古韵,展示着古镇的物华天宝;声声叫卖,述说着这片土地曾经的商贾繁荣,这就是在历史的巨浪中一路走来有着悠久历史传承的风水宝地——湖北罗田胜利古镇。

湖北罗田胜利镇位于罗田县境西北部,大别山南麓,鄂皖交界的雄关险隘松子关下,历史悠久,地理位置十分优越,具备便利的陆路和水运交通条件。镇址距罗田县城和麻城市区同为 61 公里,距三里畈 49 公里,连接鄂东北重要水系巴水的胜利河流经胜利镇。镇内现存屯兵堡古街,始建于明嘉靖年间(1522—1566年),全长约 800 米,临街现存明清建筑 100 余栋,风貌完整,其中金凤楼为县级文物保护单位。

第一节 历史沿革

一、商市形成,店铺分散

胜利镇的建镇起源可以追溯到 1000 多年前的北宋年间。"宋朝末年这里叫金店,有七八家小商铺。金兵南下,本地改名为胜家兵铺。"①明朝之前形成了麻城木子店→胜利→邮亭寺→薄刀峰→九资河镇→安徽金边寨一线的以药材贩运为主的商道,促进了当地商贸发展。金兵南下之后,胜利镇重要的军事区位已经引起了军事家和政治家的重视。到了明代嘉靖二十二年(1543 年),为平息三县

---

① 方祖林等.金凤楼志.胜利镇居民自编.2003

垴深山义军,知县祝李翌与江防道沈宏在胜家河边设堡驻兵①。当时驻兵共230人左右,屯兵堡街随之出现,形成街即是镇的格局,得名胜家堡,又名屯兵堡。

二、商市繁荣,街道形成

明代至清朝中叶是中国封建城镇发展的最后一个高峰期,在中国地方经济中心大量产生和发展的历史背景之下,屯兵堡街凭借良好的经济基础和便利的交通条件,发展为罗田县重要的商业集镇之一。

明嘉靖二十二年(1543年)的驻军使得当地军事功能得到强化。清同治十二年(1873年),知县管贻葵等人命人重修金凤楼以供祭瘟神,同时在街北端建行宫和戏台,每年举行盛大的庙会,屯兵堡街迎来了历史上的黄金时期。随着当地经济的进一步发展,人们生活殷实,富甲一方。由于当地农民起义繁多,战事不断,屯兵堡街和重要建筑金凤楼也多次遭到破坏。1859—1864年间,罗田北部成为太平天国军与清军、民团争夺的战略要地。太平天国运动的晚期,太平天国英王陈玉成、燕王秦日纲曾三次驻扎过胜利镇,将战火延伸到屯兵堡街。1926年8月中旬,李梯云在屯兵堡街的金凤楼秘密成立了罗田县中共罗田支部,共产党在这里建立了红色政权,屯兵堡街进入了战火纷飞的革命战争年代。

三、战火不断,街道残破

随着中国国内新民主主义革命运动的展开,1926年共产党在屯兵堡街建立了罗田地区的党支部,把屯兵堡街与火热的革命战争紧紧地联系在一起。1929年,中国工农红军在鄂豫皖边区建立了革命根据地,又于1931年8月在石桥铺附近的张家垸成立了罗南边区苏维埃政府。1932年,国民党军队对鄂豫皖边区根据地进行了第四次围剿,罗田苏区赤卫队和罗田人民一起进行了英勇的抗击。1947年9月4日,刘伯承司令员、邓小平政委进驻大别山南麓的罗田重镇屯兵堡,司令部设在金凤楼。

四、百废待兴,缓慢发展

随着解放战争和鄂豫剿匪战争的相继胜利,战争的乌云渐渐散去,胜利镇屯兵堡街的军事功能逐渐消失。1955年胜利镇撤销变为罗田县胜利区驻地,改胜

---

① 胜利镇人民政府城乡建设办公室.罗田胜利镇简介

家堡为胜利镇,1984年1月设立区级镇,1985年9月撤区设镇。

由于社会的安定,人口的大量增加,屯兵堡街已经无法容纳城镇的发展,胜利镇逐渐改变了原有的"一镇一街"格局,城镇空间逐步向内部腹地转移。

五、街道颓废,重心外移

1995年竣工的建设大道,提升了城镇对外交通能力,改变了胜利镇内部格局,极大地促进了当地经贸的发展。随着城镇中心的转移,屯兵堡街沦为一条以居住为主,夹杂零星商店的生活性街道。

第二节　古镇格局

一、龙水锁喉,门阙天成

胜利镇址之所以能够在当地历代军事斗争中作为军事后勤基地,一方面是由于其具备良好的经济基础,另一方面也是由于胜利镇址具备易守难攻的地形优势。

胜利镇鸟瞰图

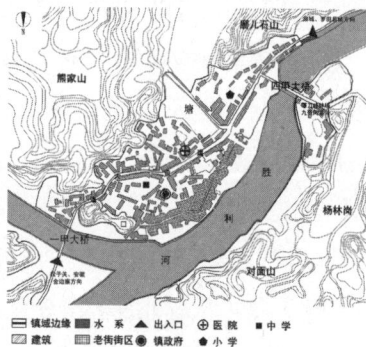

胜利镇总平面图

从军事角度看:首先,镇址位于大山深处,四面环山,不宜被敌人察觉;其次,镇址被磨儿石山、熊家山、胜利河对岸的对面山所环抱,磨儿石山和熊家山山势较高,具有良好的视线,便于军事瞭望,能够快速准确了解敌情;再次,胜利镇址龙水锁喉,门阙天成,易守难攻:镇区两个入口分别位于梭形空间的两端,分别靠近一甲大桥和四甲大桥一侧,是镇区对外交通的必经之路,而镇址其他方向均有山水阻隔,很难顺利进入镇区。东侧入口由磨儿石山和胜利河道互抵而成,只留出了 30 米左右的开口,磨儿石山山势陡峭,居高临下,是军事制高点,"一夫当关,万夫莫开"。胜利河水流湍急,河底淤泥堆积,不宜通过。西侧的对外通道熊家山狭窄的山口引入镇域,山口宽度约 20 米,两个入口位于胜利镇梭形空间的两个尖端,呈掎角之势。镇址具备天成的山水屏障,使得内部固若金汤,是设立军事后勤基地的理想场所。

二、街随河建,街即是镇

屯兵堡街沿河而建,曲折蜿蜒,构成了镇区的主体,是镇域空间主轴,形成"街即是镇"的格局。山水环绕是胜利镇址地形地貌最主要的特色,青山秀水同时也控制了整个镇的空间格局。熊家山、磨儿石山、对面山和杨林岗组成的山体界面平缓延续,形成了天然的保护圈层。镇址空间与周围的连绵山势形成主与次、中心与包围的态势。胜利河从西南向东北流经山涧,河道弯曲,与对面山和杨林岗边界贴合,强化了整体的空间形态,在静态的山造地势之中平添了动态胜形,整个镇址空间因而形神皆备。

第三节　街巷空间

一、街道构成

(一)主要街道

屯兵堡街道结构明确,划分严整。街道东西蜿蜒约 800 米,线性的街道主轴平行于胜利河道。街道是屯兵堡街空间的核心要素,整个街道空间体系由街道为主线发生联系。街道起到了骨架的作用,街区空间骨架的特性决定了街区空间特性。

屯兵堡街线性的街道空间沿轴向被划分为四段,各段之间设置开敞空间分隔,并利用开敞节点加强了各部分街道空间的联系。这种分段式的做法一方面

荆楚古镇沧桑

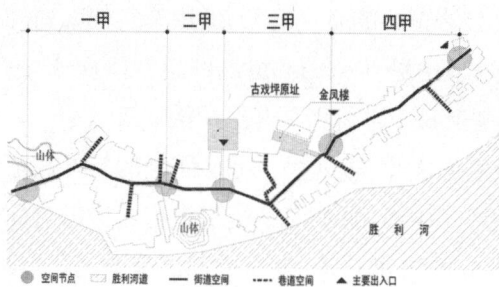

街道结构图

主街鸟瞰图

是与我国封建社会晚期村镇社会形态相呼应,便于分区管理,统一行政;另一方面屯兵堡街呈现出功能主义规划思想,临河的线性商业空间需要街道在其中段形成适当数量的开口与河道相联系,通向码头,便于交通运输的展开。同时,街道居民生活也需要开敞空间,进而组织大规模的集体活动,例如庙会、集市和祭神等。四段街道空间按照保、甲、牌制度的行政区划从东至西划为一甲街、二甲街、三甲街、四甲街的行政段落,各甲设甲长一名,整个屯兵堡街设保正一名总体负责日常居民事务。各甲街道空间沿街道主轴连续并置,构成屯兵堡街道线性空间。

一甲街景

二甲街景

三甲街景

四甲街景

（二）主要巷道

屯兵堡街目前现存巷道共 8 条，沿垂直于街道轴线方向延伸至街区外围，与街道一起形成鱼骨式的公共交通体系。巷道空间打破了街道空间单向线性的局限性，为空间系统的变化提供了极大的可变性，拓展了使用空间，是街道空间中十分重要的有机组成部分。屯兵堡街巷道作为街道空间的重要元素，沿街道线性轴分布于两侧，各巷道之间以垂直于街道的轴向方式并置。

巷道飞檐

二、重要节点

屯兵堡街道空间节点从东向西依次为街道东侧出入口，即一甲东端的入口节点、一甲与二甲之间的半开敞过渡空间、二甲与三甲之间的古戏台节点、三甲东端的金凤楼节点和四甲西端的街道出入口，其中古戏台节点和金凤楼节点分别是屯兵堡街的文化娱乐中心和宗教礼制中心，是最重要的两个节点，深刻地影响了整条街的空间格局和生活格局，其余各节点相对二者比较为次要。各节点联系四甲街道空间，使得线性街道空间产生变化，是屯兵堡街空间结构的必要组成部分、空间形态的重要表现内容。

（一）东入口

东入口位于一甲东端，止于屯兵堡街 1 号和 2 号住宅的山墙东北侧，其主要功能为交通组织，南侧连结一甲街后的菜地开敞空间；北侧紧邻河岸，以护堤相隔；东侧由小路沿护堤与一甲大桥相连；西抵熊家山脚，山体高约 6 米～8 米。该节点的空间形态松散，主要由山体和河岸共同控制。地面高差和地质变化打破沉闷的空间形态，绿化界面引导流线，将滨水空间和街道内部空间自然联系。

一甲街和二甲街之间空间较小，街道穿过由建筑围合的三合院式空间，三合院空间向胜利河方向开敞。空间感的弱化主要有两个作用：首先，此地段一甲街地势低于二甲街，开放式的空间可以巧妙的联系两部分；其次，由于二甲街道较短，此节点与戏台相邻较近，弱化的空间反而强化戏台在整体街道中的地位。

（二）古戏台

古戏台位于二甲和三甲交汇处,南侧通过宽15米的开口通路与建设大道相连,古戏台与行宫位于镇政府大院一侧,现都已损毁。北侧空间通透,与胜利河相联系,西侧和东侧分别是二甲和三甲街道。此处空间开敞,与河流联系直接,是大规模对外交通运输的主要通道,同时机动车辆可以驶入和停靠,是屯兵堡街重要的交通集散中心。与此同时,街道鼎盛时期,古戏台和行宫是全镇居民的娱乐文化中心和行政中心,兴盛时期每年都要举行盛大的庙会和集市。开敞的空间节点为交通与娱乐中心的重合提供了可能性。

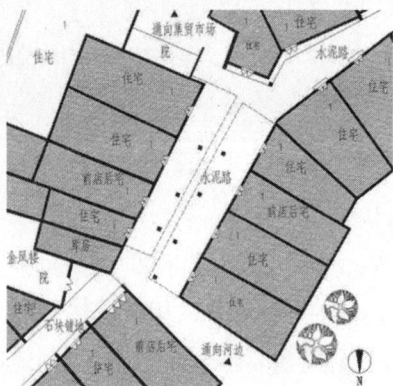

金凤楼节点平面图

金凤楼街景

（三）金凤楼

二甲和三甲之间的金凤楼包括一个长方形院落和金凤楼主体。该院落南与胜利镇集贸服装市场曲径相连,北侧通过巷道与河滩空间联系。节点西南角的古刹金凤楼是地方重庙的总寺,其在建筑形制上高于全镇其他建筑。镇上居民曾在楼内祭祀神灵和佛祖,同时在旁殿开办学堂,教书育人,是镇的精神礼教中心,在传统社会基层体系中占有非常重要的地位。

（四）西入口

西入口节点位于四甲西端,是屯兵堡街西侧的入口,是周边居民进出屯兵堡街的必经之路,以交通功能为主。空间南北开敞,东西向由建筑界定,内侧与建设大道相通,并且建设大道一侧入口两侧用建筑圆角处理,平滑引导和过渡空间,北侧开敞通向河滩,并且连接新规划的环城大道。

第四节 特色建筑

屯兵堡街临街现存 145 栋民居,其中约 80% 始建于明清,另有部分民居分布在街区外围。屯兵堡街前店后宅式的建筑临街而建,顺应地形高差变化,形制统一,形成了规整丰富的临街建筑景观。将屯兵堡建筑按使用功能标准,可以分为公共建筑、商住建筑、纯居住建筑三类。现存的具有代表性的建筑主要有:

一、屯兵堡街 83 号大宅

屯兵堡街 83 号位于三甲西端,靠近古戏台节点附近,是屯兵堡街规模较大的一栋建筑。此房原先是典型的前店后宅式临街建筑,现户主搬至别处居住,建筑商业功能消失,改为出租使用。

屯兵堡街 83 号外景

屯兵堡街 83 号平面图

该建筑为两层砖木结构明清住宅,面阔三间,质量一般,内部已经改造,临街立面于 1997 年经镇政府整修,配以木栅花窗,刷深色清漆,基本恢复了其历史旧貌。

建筑内部空间较大,临街敞口厅面阔三间,空间完整,现存放杂物,建筑中部为两层通高的天斗空间,由于天斗和亮瓦采光效果颇佳,此处室内空间较为明亮,主人在此布置了沙发和饭桌,是家庭会客和吃饭的公共场所。整个内部空间围绕天斗展开，各空间沿垂直于街道的轴线布置，同时也影响了建筑立面的构成。天斗左右各布置有厢房，以墙与天斗空间相隔，现空置。厢房一层顶部木格架镂空处搭活动爬梯与二层储藏空间联系。天斗后侧是厨房和其他附属功能用房。建筑立面不同于其他撑拱单挑出檐的临街建筑，而是采用在一二层分隔处挑枋上搭立柱的方式硬挑屋檐，并且在挑檐柱低端还配以木雕装饰，形式较为特殊，在整个屯兵堡街中独树一帜。

屯兵堡街83号天井

"回"字形空间模式

二、天井式的礼教建筑——金凤楼

金凤楼位于三甲和四甲交界处，修建于明成化年间（1465—1487年），几经毁坏。

相传清康熙年间（1662—1722年），一位安徽富豪的女儿将陪嫁的一对大金钗卖掉重建了此楼，故此得名"金凤楼"，当地人称之为"大宅"。此楼"楼高万仞，冠于全县"，是周边居民敬奉佛祖和神灵、祈求平安的场所。金凤楼在抗战期间曾被用作教室和军事指挥部。1938年8月中旬，共产党员李梯云在此成立了罗田地区第一个共产党组织——中共罗田支部，革命教育意义重大。

金凤楼通过前院和天井联系建筑内部空间与外部空间，门楼、前院、接待处、前殿、中殿、后殿沿中轴线布置，通过木制隔栅和台阶过渡空间。抬梁式构架与砖墙承重结构结合应用，粗壮的瓜柱配以彩绘斗拱，气势雄伟。前殿靠近天井一侧的枋底侧作通长的红漆轩，预示着建筑空间和功能的变化。结构所用木料均源自当地，木作考究。结合屋面构造，屋顶局部采用亮瓦引导自然光线，聚焦照射在佛教条幅和金身上，庄严肃穆，突出了礼教建筑的神圣和崇高。

金凤楼平面图

金凤楼前殿光线烘托气氛

大殿木结构

硬挑撑拱

三、屯兵堡街 122 号民宅

屯兵堡街 122 号民宅现位于屯兵堡街二甲街中端,建于清代。建筑面阔一间,进深三间,原来是前店后宅式的建筑,现底层住人,上层储物。建筑的临街部分成为了住家的堂屋,白天一般大门敞开,成为街道空间的自然延伸。由于人口的增加和居住条件恶化,将堂屋用作卧室,通过隔板划分空间,只留通道联系建筑内外交通。

屯兵堡街 122 号外景

四、屯兵堡街 96 号民宅

屯兵堡街 96 号民宅现位于屯兵堡街二甲街中端,建于清代。建筑为典型的天斗式,面阔二间,插梁构架和砖墙承重的砖木结构为建筑提供了两层的使用空间,下层住人,上层储物,上下两层通过活动的爬梯相连。

天斗式建筑平面格局多为前店中厨后宅,建筑的入口与主街相通,街道既是建筑的"前院",山墙伸入街道的部分则在街道与建筑之间划分出了一个半私密空间,上部以撑拱单挑出檐覆盖,下部以青石条砌成踏步,以区别于街道中部的交通空间,形成入口处良好的空间感观。建筑前部敞口厅和后部的卧室空间各独立成一进屋架,两进屋架相隔一定距离,并在屋顶双坡相交处留出天斗洞口,以保证自然光线投射到建筑的中间部分。室内空间在轴线控制之下围绕天斗展开,通过天斗过渡,形成了对称的平面布局。"轴线空间序列"和"天斗空间为中心"是此建筑内部空间布局的两个主要特点。

屯兵堡街 96 号外景

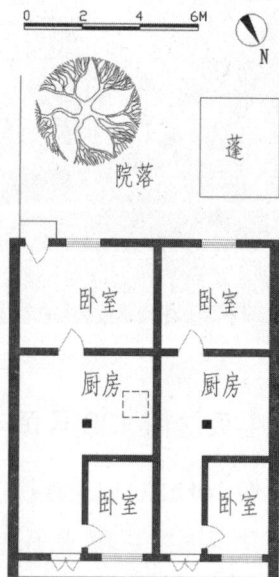

屯兵堡街 96 号平面图

第二章　因地而兴——红安七里坪古镇

　　"九送红军上高山,一阵北风一阵寒。问一声啊红军哥,几时人马再回还？"听着这首悠扬的革命老歌,不禁想起那可歌可泣的往事,重新回味那激情燃烧的岁月,而这首歌正是从那个被称为全国将军第一镇——七里坪镇传来的。

　　七里坪镇位于湖北省红安县北部,鄂豫两省交界处,北抵河南新县33公里,南达红安县城23公里,西北距天台山17公里,距武汉112公里。虽然历史上七里坪曾有"三家店^①"、"桑槐树^②"、"三道桥^③"之称,但终因四周环山,中间南北"七里长平原地"适宜建屋集聚,改名为"七里坪",沿用至今,现在为全国重点文物保护单位。

第一节　历史沿革

一、商铺初现,古镇形成

　　据《红安县志》(1992年)载,七里坪元代形成集镇^④。最初七里坪都是羊肠小道,客商手推红车^⑤行走不便。后有人在此修建了一座庙——悟迷寺,途经七

---

　　① 据传有江、孟、赵3家在此开饭店,遂称"三家店"(见红安县县志编纂委员会.红安县志.上海:上海人民出版社,1992:406)
　　② 现列宁小学南原有一桑一槐参天古树,故称"桑槐树"(见汪月新.红色七里坪.延吉:延边大学出版社,2002:153)
　　③ 因倒水河上有3座卷棚石桥名为"三道桥"(见汪月新.红色七里坪.延吉:延边大学出版社,2002:153)
　　④ 红安县县志编纂委员会.红安县志.上海:上海人民出版社,1992:406
　　⑤ 一种专门运货物并能坐人的手推独轮车,车身抹光油,并涂红色,故叫"红车",多供老人和妇女出门使用。见红安县县志编纂委员会.红安县志.上海:上海人民出版社,1992:657

里坪的客商可以在此借宿,并在寺中开设私塾一座,接纳临近百姓子弟就读"四书""五经",往来的人多了,悟迷寺容纳不下,就有江、孟、赵三家在此开饭店,较为有名,南北商贾客人,多在此三家店里投宿,因此此时称七里坪为"三家店"。由于"三家店"经营有道,来这里做生意的人多了,这些生意人开始在此居住,后来在离悟迷寺不远处逐渐建起铺面(即现在的长胜街南段),逐渐形成集镇。

二、竹排往来,古镇兴盛

清雍正年间(1723—1735 年),在现在的列宁小学南边,有大桑大槐树各一棵,桑树主干得两个人围抱,槐树主干够三个人围抱,树高叶茂,古韵苍苍,七里坪遂由此而得名为"桑槐树"。

(一)竹排运输

雍正十三年(1735 年)间,倒水河里渐有竹排把南方的货物逆水运到七里坪城外贡家河处。由于被天台山多年冲下来的红马石(鹅卵石)阻塞,竹排不能上驶,七里坪的货物运输很不方便。于是,七里坪的商人沈台三、徐武成、潘大志等出钱并设计,请民工将河里的红马石搬到正街垫街道,中间铺石条,两边铺红马石,自后街道上车碾人行不沾泥沙,为之一新。河上竹排运输往来如梭,外地来这里做生意的商人越来越多。西门外,曾一度因停靠竹排装货卸货,呈现一派繁荣兴盛的景象。

清乾隆二十九年(1764 年),倒水河发洪水,七里坪镇被大水冲毁①。后商人们在原址上重新修建了街道,七里坪又重新繁华起来。

(二)修建石城

由于清朝的腐败,全国各地连年掀起反清革命浪潮。从咸丰初年到同治初年(1851—1868 年),太平军兴起,声势浩大,先后到过七里坪。老百姓希望太平军常打胜仗,改正街为长胜街。长胜街由此定名。清政府派兵对太平军进行追剿,其中一支军队至河南罗山,在宣化店过春节,后驻扎在七里坪。为加强对太平军的防范,士兵搬石头修建石城,但未完工清军即被调走,工程由接防的清军继续修建完成。石城建起来后,太平军也来过,没有起到什么防范作用。但有这个城墙后,来七里坪做生意的商人越来越多,镇的商业越来越繁华,生意日益兴

① 1764 年(乾隆二十九年)"大水,七里坪被冲毁。"见红安县县志编纂委员会.红安县志.上海:上海人民出版社,1982

隆。清末民初,七里坪有居民 300 余户,1800 多人。

三、战事频繁,古镇衰落

(一)黄麻起义开创根据地

1923 年,七里坪地区就开始有共产党人从事革命活动。1925 年,七里坪共产党支部成立。1927 年,中国共产党领导的农民运动在黄安兴起。七里坪镇成为鄂豫皖革命根据地的中心,雄踞江淮之间,令敌人寝食难安,屡次遭到国民党军队的"围剿"。这里的房屋大多毁于战乱之中,不少商户住在废墟上搭起的草棚里。1929 年,苏维埃政府发动人民拆除了部分城墙。

(二)成立列宁市

1930 年,中共鄂豫皖苏区特委住在七里坪附近的王锡九村,将七里坪命名为列宁市,建立苏维埃政权。列宁市苏维埃政府设在河西街,市内有经济公社、中西药局、红军饭店、列宁小学等单位。为了纪念广州起义牺牲的领导人彭湃和杨殷,命名河街为"彭湃街",命名正街中段为"杨殷街",命名正街南段为"正红街"(纪念"五卅"烈士顾正红)。为纪念鄂豫皖苏区根据地和红军创始人之一的吴光浩烈士,命名小北门为"光浩门",命名小南门为"南一门",以示对张南一烈士的纪念。东、南、西、北四门分别以纪念日命名为"二七门"、"八一门"、"十月门"、"五一门"。

(三)国民党"围剿"及日军轰炸

国民党军队多次对苏区进行"会剿"、"围剿"。1932 年 10 月,红四方面军根据当时形势的发展进行了战略转移。列宁市即被国民党军队占据,国民党黄安县当局进驻,并改列宁市为七里坪,修复破损城墙。1932 年红安至汉口的第一条公路在蒋介石为剿共而下令修路的情况下完成通车。红安境内有公路交通后,集镇的布局也逐渐变化,沿公路的集镇呈发展趋势,倒水河竹排运输地位下降,七里坪开始逐渐衰落。

1938 年 9 月至 1939 年 3 月,日军出动飞机 100 余架次,8 次轰炸七里坪镇,投弹数百次,七里坪街道变为废墟。1939 年 4 月,日军侵略进犯七里坪,约三分之二的房屋被敌人烧毁。

四、重点保护，古镇发展

建国后，人民政府十分重视对七里坪的保护，县人民政府分别于 1958 年、1983 年、1985 年 3 次公布了重点文物保护单位，并于 1974 年、1975 年召开文物保护现场会。1981 年 12 月，将七里坪革命旧址列为湖北省重点文物保护单位，1988 年 1 月被中华人民共和国国务院列为全国重点文物保护单位，1998 年被列为"小城镇建设试点镇"，2000 年被列为"口子镇"重点建设。至 1989 年，城区面积 5 平方公里，有居民 894 户，7464 人。现七里坪镇被列入中央"红色旅游 12 计划"，成为中央及省内 2004—2007 年重点建设的"红色旅游经典景区"之一。

第二节　古镇格局

一、古镇选址及其形成因素

（一）地理环境

七里坪镇四面环山挡冬季严寒，三面临水迎夏季凉风，丘陵平地适于建屋聚居，处于倒水河弯曲的凸岸，既无洪涝之灾，又可扩展基地满足城镇日后发展需要，充沛的河水提供了古镇的生活生产用水。

（二）物资集散

七里坪镇地处鄂豫两省交界处，是红安县北山区通向外地的各种货物的集散地，具有一定的辐射影响力。黄冈、宋埠、黄陂、李家集、八里湾等地的商人运来大量外地的货物，通过七里坪各商行销售到四乡及河南光山、新县等地；本地商人又将七里坪及河南新县一带盛产的米、花生油、土布等向南运往新洲、李家集、汉口等地。

（三）竹排河运

七里坪陆路运输相当闭塞，但河运便利，倒水河贯穿全县直抵长江，将七里坪镇与繁华的汉口连接，竹排运输将货物往来运送。

此外，红色革命也是影响古镇风貌依旧的重要因素。七里坪镇曾是鄂豫皖苏区政府所在地,在革命时期得到一定发展,而其在中国革命历史上的重要地位激发了居民自觉建设与保护古镇的热情。

二、自然环境与古镇成长相和谐的空间形态

倒水河由杨山大河与同心小河在此交汇形成,在镇北端由北向西弯曲后向西南流去,绕过七里坪镇地处的狭长平地。大悟仙山、小悟仙山、潘家岗、香炉山、天台山位于倒水河两岸,互成对景。山、水共同界定了七里坪镇的空间,亦是古镇之天然屏障。七里坪镇立基在绕山环水的狭长平地上,其镇与山水结合,以山水为依靠,由街巷发展成古镇。自然环境与古镇融合,共同组成"三面河水抱平地,四围山势锁古镇"的生态自然空间形态。现今的七里坪镇顺应地势,逐步向南北两端呈带形发展。

七里坪镇鸟瞰图

七里坪镇总平面图

第三节 街巷空间

七里坪镇由长胜街、东后街、解放街、和平街、河西街5条街道组成"一主四次"具有一定宽度的街道结构。

长胜街为镇主要街道,重要建筑分布在街道两侧,保存较好;其他4条街道基本与长胜街平行,街道长度、建筑规模、商铺数量均逊色于长胜街,路面破坏严

重,大量老建筑被拆除,街道风貌已经难以辨别。街道间以甲巷连接。甲巷为山墙所夹,故亦称"夹巷"。甲巷不但宽度要明显小于主街,且路面亦不做铺地。

街巷结构图

长胜街鸟瞰图

一、古镇主街——长胜街

长胜街原名正街,清朝末年因老百姓希望太平军常打胜仗而改名并沿用至今。1930年为了纪念广州起义牺牲的领导人杨殷和"五卅"烈士顾正红,曾命名正街中段为"杨殷街",正街南段为"正红街"。作为保存现状最好的街道,长胜街集中了多处重要革命历史遗迹,是融合了生活、商业、交通、交流等多重功能的历史街道,是七里坪的精华所在,有着重要的历史地位和研究价值。

长胜街是七里坪镇当时的最主要商业街,曾经繁荣一时,汇集了众多的商业店铺在此经营,有商店50余家,以开小店铺和经营小手工业为多。由于历史的变迁、战乱、洪水等因素,长胜街先后5次遭受人为和洪水的破坏,又在废墟上重建起来,历经"损毁—重建—又损毁—又重建"这样的循环。

街道全长约800米,宽4米~6米,南北走向,由南石拱桥起至北门河岸止。其中,胜利东街起至北门河岸长约400米的一段街道是国家级文物保护群,保存完好,维持着明清时期的原貌;而由胜利东街至南石拱桥段与其他4条历史街道同样被破坏严重,新建筑与历史建筑混杂一起,街道风貌基本已经荡然无存。

街道前段基本以明清时期的民居建筑为主。其中,1～40户变动较少,40～80户建筑为1930年代按原貌修建。街道两端建有牌坊,是根据历史记载和老人们回忆而重新建造的,仍延续了明清的风貌,使得街道的整体风格协调统一。

长胜街入口牌坊

长胜街街景

长胜街中段街景

马头墙踩

二、重要节点

七里坪镇道路系统由主要道路和巷道逐级构成。长胜街为主要街道,是构成镇的空间的重要元素,担负多重功能。同时,它与很多甲巷相交形成了很多空间节点。主要有:

(一)"T"字街道——"一甲巷"

"T"字形节点共有四处,分别是一、二、三、四甲巷,均与长胜街形成"T"字节点。其中较有特色的,是一甲巷与街道所形成的节点。

一甲巷宽度较窄,属于两人要侧身方可通行的巷道。甲巷两侧的建筑外墙面并不完全平齐,左侧的长胜街18号略比20号凸出0.7米;甲巷正对的长胜街19号建筑比21号后退了1.5米,与左侧的建筑形成了"阴角"空间,使得街道在此平行转折。街道两侧的建筑如此一退一进,在街与巷的交汇处围合成一小块较开阔的空间,吸引人们驻足停留,增加了交往的可能。

(二)"十"字街道——"五、六甲巷"

长胜街仅一个"十"字形节点。该"十"字形的节点位于街道的南端,是西侧的五甲巷、东侧的六甲巷与长胜街的交点。此节点是长胜街由南往北的第一个明显转折处。主街与两条支巷布局趋向于"十"字连接。但方位上,两条甲巷之间并不是完全对称,存在一定的错位,使得两甲巷口没有正对,以减少冬季风穿巷而过,对街道造成干扰。两甲巷的宽度也不同,左侧的五甲巷与红坪大道相连,是连接交通的主要巷道,宽度接近2米,满足两人通行;右侧的六甲巷较窄,仅1米多宽,且上部有建筑挑过,形成过街楼的形式。六甲巷右侧109号第一进建筑已损毁,现为院子,第二进建筑也被翻修成新建筑。

长胜街三甲巷

第四节 特色建筑

七里坪古镇内有文物保护建筑 16 栋,其中国家级 9 栋,为七里坪工会(原为潘氏祠堂)、鄂豫皖特区苏维埃银行、红四军指挥部、中西药局、列宁市苏维埃饭堂合作社、黄安县苏维埃经济公社、国共合作谈判旧址、七里坪革命法庭、七里坪列宁小学;县级 7 栋,如抗日军政学校旧址、红军缝衣厂旧址等。

建筑形式多为双开间、三开间及五开间,建筑结构为插梁结构①与抬梁式结构,单开间结构为搁檩式②。房屋之间以封火山墙相隔,双坡硬山顶。进深大时,屋顶上常设亮瓦采光,屋顶铺布瓦(当地称"鱼鳞瓦")。重要建筑内用木雕格栅门。

建筑外墙多为当地烧制的清水灰砖墙,即空灌斗墙,墙体用立顺砌和立丁砌交互插接形成空斗,内部填充较少,利于室内保温和阻挡噪音,砖外墙的平立砌法自然形成不同的风格。山墙顶都砌有墀头,象征着吉祥如意。重要的建筑实例有:

一、长胜街红四军总指挥部旧址

红四方面军总指挥部旧址位于长胜街 65 号,保存完好。旧址北面与居民秦敬寿住宅共山墙,南面与居民王学清住宅毗邻,总面积为 292.3 平方米。旧址坐东向西,进深两进,砖木结构,硬山顶,布瓦铺盖。建筑面阔五间,中间是一个狭长的环槽天井,两边是耳房,耳房与前厅以木质隔断分隔,后排五间,后厅及左右厢房比前厅稍低,梁架形式、用材也没有前厅讲究。前后室内有四匹插梁木屋架,屋架搭在前后檐柱上,室内无柱,方形木柱搁在石雕鼓形柱础上。前后檐出檐较少,天井出檐较深,檐高 4.5 米。天井四周为木雕格栅门,雕刻有八仙过海等图案,可以根据需要开启或关闭,调整室内采光和通风。结构所用木料、砖石均来自当地。结合屋面构造,屋顶局部采用亮瓦引导自然光线,使得室内采光良好。

---

① 插梁式结构即承重梁的梁端插入柱身(一端插入或两端插入),与抬梁式的承重梁顶在柱头不同,与穿斗架的檩条顶在柱头上,柱间无承重梁、仅有拉接用的穿枋的形式也不同。

② 搁檩式结构即山墙上缘留设孔洞,直接将檩置于山墙的作法。

荆楚古镇沧桑

　　由于年代久远,建筑内木结构损坏严重,于2003年聘请专家指导维修,将部分木结构进行置换,但保持原有风貌。

长胜街65号外景

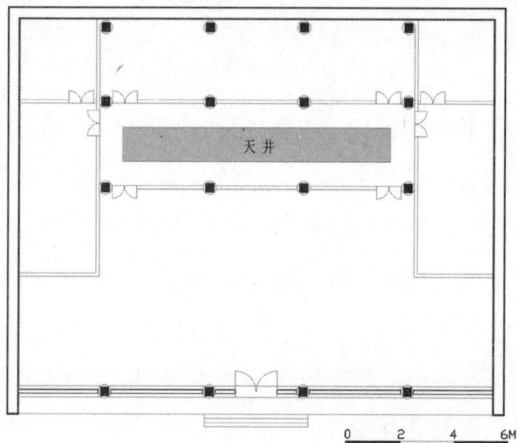

长胜街65号平面图

长胜街65号内部狭长

长胜街65号天井内景

二、长胜街七里坪工会旧址

　　七里坪工会旧址位于长胜街10号,保存完好。建筑坐东向西,砖木插梁式结构,单檐硬山顶,布瓦铺盖,面阔两间,前后三进。大门设在左开间,为双马头式大门,石库门石条以石雕装饰,内凹门洞一人高处装饰有印模砖。砖面内容丰富,形式多样,形象生动,线条简练而有力,色彩淡雅,具有浓郁的乡土气息,体现出地方特色。门两侧各有一矩形抱鼓石,雕刻精美。这些装修为纯装饰用,目的是强调入口的重要性。进门处有一小过厅,右侧为卧室。两进间有一大天池,天池四周开木格栅门,门板雕花复杂,各不相同。两开间中为一匹插梁式梁构架,山墙搁檩承重。木构架不对称,靠天井一侧以檐柱挑檐,檐柱下柱础底座为八棱柱,顶部为圆鼓形。第二进是正房,左间为厅堂,右间为上房,是"贵居中,左为大"礼俗的映射。两间对天井开木雕格栅门,屋顶上均设亮瓦,以改善室内采光。第三进是辅助用房,设一小天池。

长胜街10号双马头式大门

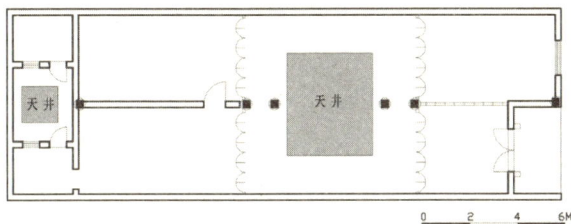

长胜街10号平面图

长胜街10号内院

长胜街10号雕花木门

长胜街10号内部结构

第三章　因市而兴——大悟双桥古镇

　　"别山南麓传大捷,古镇双桥映彩霞"。巍峨的大别山在革命年代曾经历过无数战火纷飞的考验,有许多著名的战役都发生在这里,其中著名的"双桥镇大捷"就发生在今湖北省大悟双桥镇。

　　双桥镇位于湖北大悟县以北,距县城12公里、武汉市151公里。地处湖北省东北部、大别山南麓,位于大别山与桐柏山交汇处。东与河南新县交界,南与武汉市黄陂区接壤,西与广水市和孝昌县相连,北与河南信阳毗邻。双桥镇之所以有此镇名,源于村落南、北端于滠河之上各建一个单孔石桥,以供滠河两岸通行,故此地命名双桥。如今古桥早不见踪影了,取而代之的是一座大型双曲拱桥跨在滠河上。目前双桥镇为湖北省公布的第五批文物保护单位。

第一节　历史沿革

　　南北朝时期,大悟双桥镇即有迁徙居民所建民居村落。村落的南、北两端的桥为单孔石桥,镇南的小溪叫"罗北冲",镇北的小溪叫"何家冲"。两条小溪,就像是仙女舞动的两条蓝色飘带,将双桥镇轻轻地环绕。

　　滠河穿过双桥镇,水陆交通极为便利,所以形成集市,并有农历双日为集的习俗,双桥镇亦由此慢慢形成以商贸为主的集镇。那时,古镇盛产木材、染布、米粮,吸引南来北往的客商。古镇双桥街由刘姓家族成员主体建筑完成,古镇区基本形成。

　　在鄂豫皖苏区革命斗争时期,双桥有其光辉的一页:1931年,红四方面军于双桥全歼敌三十四师,取得了著名的双桥镇大捷,为苏区的稳定发展奠定了基础。

解放后,在双桥街两侧逐步开设了较多的国营商业门点,又在古街西侧,界山与古驿道之间新增设布匹百货门市部、卫生所、广播站等。

古镇形态较为紧凑,西侧北依界山,东侧面向澴水。历史镇区从南北朝时期北端石桥附近起始建设,主街沿界山下古驿道与澴水之间南北方向逐步向南端石桥发展。

第二节 古镇格局

一、古镇的"线"状发展

南北朝时期,古镇最初是几个临水而居的居民点。随着南、北两端石桥的建成,澴河东岸以农耕为主的居民逐渐向西岸驿道迁徙,水陆交通的便利,形成了以两桥之间的澴河西岸地域为中心的集市,并沿澴河西岸线性发展。其后,随着市集发展,逐渐有异姓迁入,古镇逐步扩展。镇区逐步向南发展,直至南端石桥,主要包括异姓住宅、基督教堂。解放后,在双桥街两侧逐步开设了较多的国营商业门点,又在古街西侧,界山与古驿道之间新增设布匹百货门市部、卫生所、广播站等。古街南端新建中、小学各一所,北端建有砖瓦厂。古镇的发展逐步外延。总体来看,古镇的发展趋势是以镇北端石桥为起点,以双桥街为主轴,南北方向呈"线"状延展。

古镇与澴河桥鸟瞰图

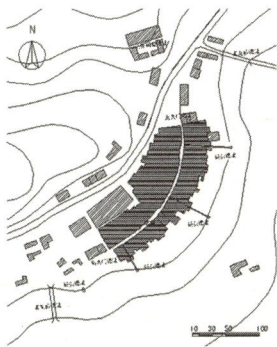

双桥镇总平面图

二、界山·驿道与桥·河·街

古镇形态较为紧凑,西侧背依界山,东侧面向澴河。历史镇区从南北朝时期的北端石桥附近起始建设,主街沿界山下古驿道与澴河之间南北方向逐步向南端石桥发展,形成了"界山·驿道与桥·河·街"的空间形态。

第三节 街巷空间

一、"一街三巷"的街巷结构

主街双桥街由北至南贯穿古镇,是物资交流的主要场所,并支撑起古镇的格局。由主街向澴河发展了 3 条宅间巷道,形成 E 字形道路骨架。向界山、驿道一侧,为防匪患,未设任何巷道。

主街街景 1

主街街景 2

主街中段街景

巷道空间 1

巷道空间 2

双桥街街道全长约350米,宽约5米。街道两边多为店宅街屋,以三开间居多,主要经营杂货、染布、粮油、药材及木材。街面满铺青石板,由于土地的私有与街道形成的自发性,主街蜿蜒转折。除了交通功能,主要进行商品交易活动。3条巷道长约35米,宽2米~3米,主要功能为防火、分户以及使得主街购物人群迅速抵达澴河边码头。

二、古镇的围合防卫空间

古镇主街双桥街两端均设有石门一座,从主街往驿道方向未设巷道,采用建筑后墙紧密相连,后墙均采用片石垒砌;主街往澴河方向有3条巷道,巷道尽端均有石门,夜间关闭,用大木杠销紧。所以整个古镇虽然是重要市镇,但整体空间围合内敛,呈现较强的防卫空间形态。

双桥街北门原址

三、"两桥·两门·一祠·一堂"的重要节点

（一）两桥

古镇南北两端各有一石桥,镇名由此而来。两桥原为单孔石桥,现仅存北端石桥遗址,并于1990年在北桥原址上新建六孔澴河大桥。南北双桥是古镇发展的起讫点,北桥南望,可远眺古镇蜿蜒于界山之下。

（二）两门

古镇双桥街南北端原各建有一座石门。石门的设置是出于防卫的考虑,以防盗匪侵袭。从空间形态看,两座石门也是进出双桥街的界标。

（三）一祠

古镇双桥街北门外界山之上原建有刘氏宗祠一座，位于界山山腰，俯瞰古镇，遥对澴河，原是双桥街主体居民刘氏家族成员的重要集会地点。据称雕梁画栋，蔚为壮观，可惜于1982年拆除，新建粮库于旧址之上。

（四）一堂

古镇双桥街中段建有基督教堂一座，当地人称之为洋楼。据当地居民口述，基督教堂建于清末光绪年间（1875—1908年）。当时古镇信教者颇多，教堂是当地居民的一个主要聚会场所。

第四节　特色建筑

现在街两旁多为晚清民居建筑，其中大部分建筑距今约有150年历史，屋上是清一色的灰布瓦。现存老屋有100余间，保存情况尚为完好。古镇位于澴河与驿道之间，沿河一侧店宅均为沿双桥街前店后宅式，临河一进均为仓储及护院、佣人房。而沿驿道一侧虽也为前店后宅式，后面建筑多为住宅，仓储功能多集中于第一进店铺阁楼之上。店铺类型有杂货、屠宰作坊、染布行、粮行以及药铺等，产业结构充分满足了周边地区的日常生活与商业需求。

大多数街屋的沿街面为三开间，少数为五至六开间，纵深多在三进以上。街屋主入口选择临街一侧，入口形式比较独特，多采用宽约1米的穿廊作为入口通道。市集时穿廊用铺面门关闭，只开启其余开间铺面。由主街经穿廊进入第一进天井，进入后部住宅范围。后部住宅各进天井之间均通过这种穿廊联系，只是不再设门。这种穿廊做法既能便捷的联系各进天井住宅，又能在临街面减少商铺面积的损失。

街屋沿街立面大致统一，底层全开间设置商铺木排门，阁楼设置亮窗及木板，外部形象呈现轻盈明快的效果。这与沿街店铺作坊的商业功能需求相吻合。背街立面则显得相对封闭厚重，墙体厚约50厘米左右，均采用大片石垒砌，上部二至三层采用灌斗墙体与屋檐相接的做法。每户后墙上不开窗，极少开门洞，即便开门洞，也是不足1米宽度。背街立面的外部形象如此，主要是为了安全考虑，以防盗匪为主要目的。代表实例有：

一、双桥街 97 号教堂

双桥街 97 号即为基督教堂,每周均有较多信徒聚会于此做礼拜。建筑内部为穿斗抬梁混合式木质结构,外部墙体为片石垒砌,白灰粉刷,山墙做法为中式卷棚样式,门窗上沿采用西式券顶,体现出中西结合的建筑特色。建筑即采用合院布局,有较为明确的中轴线,建筑布局重心是教堂,后部院落较为宽敞,围合的房屋均为教堂附属用房,现基本已毁。教堂建筑内部结构为传统穿斗抬梁混合结构。

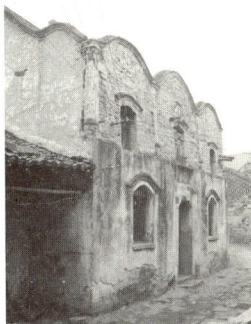

双桥街 97 号外景　　双桥街 97 号局部立面　　双桥街 97 号小窗

二、双桥街 73 号刘氏族长宅

73 号的刘氏宗族族长宅是双桥街两侧住宅的代表,是典型的天井式建筑。73 号刘氏族长宅临澴河一侧,为四进三天井建筑。天井除了解决通风、采光外,也从空间上划分建筑为店铺、住宅、仓储三部分功能。

宅间穿廊　　　　狭长的天井天池　　　　墀头

驼峰木雕 1

驼峰木雕 2

三、双桥街 85 号刘宅

　　85 号刘宅背依驿道，原为六进五天井建筑，现仅存四进二天井。临街一进建筑为商铺，第一进天井两侧披屋为作坊，天井狭小；第二进建筑以后均为住宅，临驿道一进建筑为佣人房。多重天井良好的区分了店铺、作坊与住宅的功能，同时也按封建等级制度区分了住宅内部。

刘宅外观

刘宅背街墙门洞

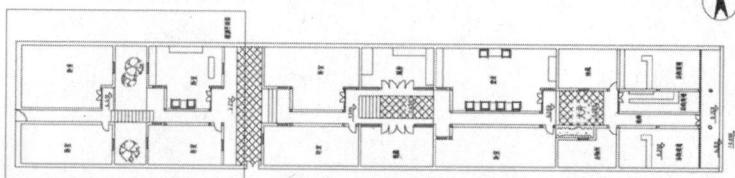

刘宅平面图

第四章 因驿而兴——孝昌小河古镇

据清《孝感县志》记载："小河溪,在花园百三十里,走武胜关路,较恨这关(平靖关)为径,南北行人自非驰传者皆取于此。"这里所讲的"小河溪"利用其得天独厚的地理优势,在几百年前就成为一个古代重要的交通枢纽,它就是现在的湖北省孝昌小河镇。

孝昌县小河镇地处大别山向江汉平原的过渡地段,是广水、大悟、黄陂、孝感四地的交汇处,距孝昌县城 12 公里,距武汉市 90 公里。境内设京珠高速公路互通口一个,省道大安线纵贯南北,松姚线连接东西。北宋元祐年间(1086—1093年),小河就有街市寺庙。明洪武年间(1368—1398 年)设巡检司以训练甲兵、巡逻城乡,可见当时小河镇已初具规模。长 1600 米的环西街两侧店铺林立,店铺沿街有 2 米宽的街廊贯通,蔚为壮观。这种日不晒、雨难淋的街廊,折射出当时小河的商贸繁盛和人文关怀。

第一节 历史沿革

一、古镇之始

小河镇始建于宋朝,相传宋太祖赵匡胤停宿于小河镇,日行十八里,故距小河镇之北有个"十八里湾"。小河地处山川要冲,兼有水陆两便,到明清时已是湖广与中原物资、文化交流的一个无可替代的商埠,同时也成为湖北至河南并直通京都的驿铺腰站。

镇中小河溪作为小河镇对外水路交通的切入点,横穿古镇主街环西街南行注入澴河,上抵二郎畈(现大悟县城),下至长江口,即可输入南方杂货,又可输出当地土特产品,可以说小河溪孕育了小河古镇。而小河镇作为京广官道[①]上的驿铺腰站的地位,更是促进了小河的繁荣昌盛。而由武胜关过大别山,便是一马平川到京城,由此可见小河镇作为驿站在陆路交通上的重要性。而小河镇作为驿站的文字记载则见于清《孝感县志》:"乾隆三十年(1765年)二月,奉文于小河溪添设腰站,拨马30匹。"后因驿务繁忙而设马60匹。现镇南仍留有驿站[②]及与驿站配套的马号和放马场遗址。

二、建制沿革

从明洪武十三年(1380年)始设巡检司署,先后任职官员30人,贯穿明代264年。清设巡检司[③]于道光初年(1821年),同时还是孝感分县衙门所在地。清时镇中主街环西街作为京汉驿道上的驿铺腰站,是当时鄂东北人流、物流、信息流汇集之地,也是孝感北部的政治中心。民国初年仍袭清制,改县丞为县佐直至民国十六年(1927年)。解放后,小河镇一直是小河区、公社和镇政府驻地,是全镇的政治、经济、文化中心。

第二节 古镇格局

一、"三山一岗·一河两区"的古镇格局

大观山、雨台岗和二龙山、太子山分别坐落在小河镇东西两侧,小河溪从大观山西侧起流至太子山并绕过太子山南行注入澴河。而老镇区在河溪转折处为起点南北延伸成带状,1980年代后以环东街为主轴的新镇区则整体东移。如果说"三山一岗"是从外部对小河镇镇区空间的一种限定,那么小河溪从内部引导了小河镇新老两镇区的"线"状演化。

---

① 驿道:又称官道,可视为公路的雏形。从长安、洛阳、开封、北京等古代都城通往南方的驿道大多经过武汉,其中直穿孝感境内的驿道有两条。

② 驿站:为供应递送公文的差使及来往官员暂住、换马的处所,与驿站配套的有马号等设施。

③ 巡检司:明洪武年间在州县关隘要地设巡检司,以训练甲兵、巡逻城乡、缉捕盗贼。巡检为武官,从九品。

古镇远眺

屋顶鸟瞰图

小河镇总平面图

二、老镇区的"线"状演化

据东岳庙北宋元祐七年(1092年)立的碑文记载,当时小河溪就有街市市庙。从东岳庙所处位置推测,当时镇区应集中在环西街北段,即河溪转折处以北。而到清代,从道光年间(1821—1850年)所设的位于环西街中段的分县衙门的位置来看,清代小河镇已发展到河溪转折处以南,即环西街的中街部分。至此,古镇格局大致形成,此后镇区继续向南北伸展,往北沿小河溪形成菜园、堰口等几个村落,向南至孝大线。总体来看,古镇的演化趋势是以河溪中段的转折处为生长基点,以环西街为生长轴向南北方向呈"线"状延伸。

三、新老镇区关系

新老镇区并行存在但又相对独立,其间以大片农田过渡并通过支巷连接。新老镇区各以自己的主街为轴南北向纵向发展,且小河溪又从新老镇区间穿行而过。这种"一河两区"的布局方式,使新镇区的发展对老镇区几乎没有干扰,既保护了老镇区,同时又保证了自身发展的自由度。

第三节　街巷空间

一、"一街四巷"的街巷结构

南北向的环西街纵向贯穿老镇区,既是明清驿道的一部分,同时又是物资、文化交流的场所,它支撑起老镇区的格局。东西向支巷由北至南分别是府前街、双桥街、石桥街、四官殿巷,与环西街形成"丰"字状的道路骨架。在老镇区南片环西街以西另有衙门街、马号街、上岔街等南北向辅助性街道由支巷引入到主街环西街(在抗日战争时期被日军拆除)。

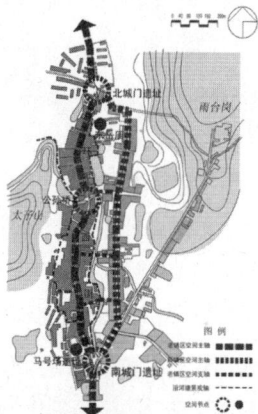

街巷结构图

街巷鸟瞰图

环西街街景1

环西街街景2

四官殿巷　　　　　　　　过街廊棚　　　　　　　　火星堂弄

环西街街道高宽比在1：1左右,空间内敛性强。街道宽度达到4米~6米,除了交通功能,商品交易活动占去街道很大的空间。支巷高宽比通常大于2：1,仅作交通使用,由支巷可达背街的农田和新镇区。

二、"一桥·一驿·两门"的空间节点

(一)公孙桥

公孙桥是环西街的中街向北街过渡的连接点,也是河溪改变走向的转折处,环西街在此与小河溪形成十字交叉,横街石桥街也在这里形成交汇。公孙桥为石拱桥,长14米,宽5米。延绵不断的环西街在此有了一个近20米的开口,从而形成一个贯穿东西的视觉通廊。从公孙桥东望,可以看到1990年营建的新镇住宅,西眺可以看到小河溪延伸至太子山山脚。

公孙桥景观　　　　　　　　　　　　公孙桥栏杆

(二)驿站

镇南三家店公馆,即小河溪驿站,为供应递送公文的差使及来往官员暂住、换马的处所,与驿站配套的有马号房、马号场、马号塘分别用作养马、溜马和饮水

的场所。彭家坡则另辟有放马场(现均只留有遗址)。

(三)南、北城门

街南北两端原各建有城门楼,为两层阁楼式建筑。从小河溪明代设巡检司这一安全性机构看,城门的设置是出于防卫的考虑。从空间形态上说,城门楼也是进入环西街的界标。

三、沿河小道

以背街的小河溪为起点,在其近宅一边是沿河小道和向宅背入口过渡的院落。在这个空间里,人们的生活状态似乎更加随性自由,在溪边洗濯、聊天是最常见的生活场景。河溪外侧通过简易石板桥和乱石汀步到达农田,反应了当地镇民生活耕作和从商的两重性。这个户外空间变化丰富,视线开朗,与环西街严谨内敛的线型空间形成明显对比。

沿河小道

第四节 特色建筑

古镇现存建筑多为明清时所留,建筑类型涉及公共建筑、居住建筑和商业建筑。其中,居住和商业建筑占到了绝大部分,占了整个古镇的90%以上,以街屋和店宅形式出现。

几乎所有的店宅沿街都有街廊,尤以中街和北街的街廊更具规模,宽度都在2米以上。街廊以木柱承檐,柱下托以石墩。南街的街廊多以山墙外伸以承檐,宽度较窄,外伸山墙开口以便行人通过。街廊作为街道向室内过渡的缓冲空间,可以保护店面,进行商品展销,有效的满足了商业活动的需要,也弥补了室内空间的不足,同时也非常适应于南方时晴时雨的气候。

大多数店宅的沿街面通常只有一个开间,宽度在3米~4.5米左右,只有少数殷实人家能占到二至三个开间。但纵深往往多达四至五进,大户则有六至七进,长约百米。由一个单开间的门面向里伸展,往往会出现愈进愈阔的现象,给人一种"门小天地大,宅深景致多"的观感。重要的建筑实例有:

一、环西街张声融宅

张声融宅位于环西街北段东侧,分别以天斗、天井或院落为中心,由东向西共有七进。前两进和后五进位于不同的轴线上。

张声融宅背街外观

张声融宅正厅

前一个轴线序列以街廊为起点依次为店面→天斗→卧室→储藏→卧室→天井。这个序列的房屋都是单开间,与沿街4.2米的铺面宽度保持一致。房间都有阁楼,通常在过道处开口设上人孔。除沿街的店面,其余的房间都以天斗、天井或亮瓦作为采光方式。

越过厨房向北的横向通道到达第三个天井,以此作为第二个轴线序列的起始点,轴线上依次是天井→堂屋(供奉祖先牌位并兼作餐厅)→天井→卧室→主厅(会客和起居之用)→带回廊的天井→贴墙半天井→厨房→储藏→院落。在这个序列中,天井和厅堂两侧都有厢房并设置过道,厢房一般做卧室或储藏用。沿河院落在东、南两侧围有用作储藏和饲养牲口的附房,出户的门屋布置在院落东南角。

沿街立面与其两边的店宅一样呈三段式格局:以木柱承檐的街廊作为过渡,底层全开间设置木排门,以上阁楼设置小窗。沿河立面则更显得气派一些:高达7.5米的墙体在檐部设有花瓣纹,其下开有五个小窗,户门两侧有墙跺伸出形成砖雕台门,其余部分皆为实墙,与南立面的虚形成对比。院落东南角的门屋立面与此相似,门上设有匾额,台门上方砌筑漏明墙窗,既是用于门屋采光,也是作为脊饰。

二、环西街张玉义宅

环西街张玉义宅营建于明代,其先祖于道光年间(1821—1850年)开"张正太"纸店,也是环西街的名商号之一。张玉义宅是一栋两开间三进两天井的街屋,其空间布局序列依次为:街廊→店铺和坊→过堂→天井→堂屋→天井→厨房

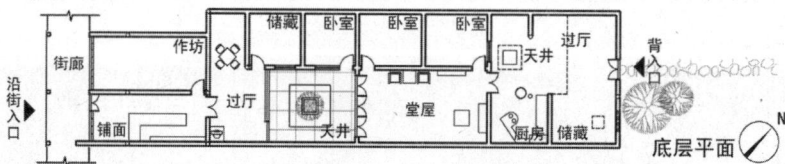

张玉义宅平面图

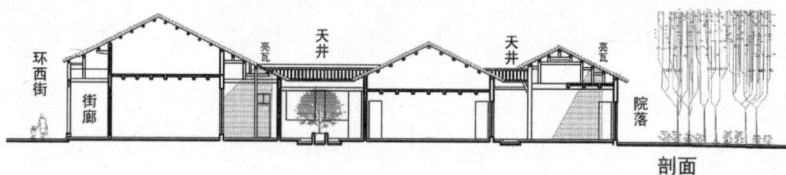

张玉义宅剖面图

从天井看堂屋

张正太宅的防盗门

及储藏。沿街为并排两开间,北侧作坊,南侧为铺。过店铺后是过堂,过堂和店铺之间以石墙相隔,应是出于防盗考虑。过堂由堂屋和南北侧的檐廊、卧房围合成第一进天井,天井尺度较大接近于院。第二进天井位于堂屋后,为半天井形式,尺度很小,排屋面雨水是其主要功能。另外值得一提的由店铺向过堂开启的"防盗门":门槛和门楣均是用采自当地的条石做成的,上下各有五个相对的碗口粗圆洞,用来安插木柱子,构成第一道防线。两扇木制大门合缝边缘分别为凸凹槽,两门合拢时,正好阴阳相扣,刀片插不进。门栓内暗设一个小木栓可自动卡住门栓,不知情者即使在屋内也不可能打开门。门后上下分别有两道横木杠。五道"机关"构成完整的防盗体系。

第五章 因埠而兴——阳新龙港古镇

古时有位郭姓年轻人,他娶了富河对岸一位民女为妻子,婚后两口子十分恩爱,生下一双儿女。但时值国家动乱时期,深明大义的妻子将心爱的丈夫送到了军营。没想到,丈夫一去不复返。于是,她每天带着一双儿女登上菁山,向东眺望,盼望丈夫能乘船返回。不知多少年过去了,丈夫终未回来,妻子便在山巅化为石头,菁山也成了望夫山。据《中国古代地名大词典》载:"望夫山在湖北阳新县西南八十里,一名菁山。"此山就位于现在的湖北省阳新龙港镇。

阳新龙港位于湖北省东南部,地处鄂赣边境,东望长江,北临富水,南邻江西,四面环山,中间一条富水,整个形状就是一条活生生的龙。龙头奔西北,接阳新县城,龙尾指东南,连江西武宁。群山如龙爪,富水如龙脉,镇内河港密布,得名龙港。龙港交通便利,距武汉市160公里,106国道纵贯其中,南联浙赣,北通京汉。

1930年,龙港为湘鄂赣革命根据地中心,党政军财文48大机关曾驻扎在老街上,被誉为"小莫斯科"。现今,龙港保存有革命旧址70余处,其中36处1981年被省政府公布为第二批省级重点文物保护单位。2001年6月,龙港革命旧址群(共16处)被列为全国第五批重点文物保护单位,其中12处集中分布于龙港老街。

第一节 历史沿革

据记载龙港始于元末,由农村聚落直接演变而来,特别是由于便利的水路交

通与优越的地理位置,明清发展成繁华的商业市镇。龙港在明代被称作龙川市。其发展演变的过程大致可划分为以下五个时期:

一、形成发展期

"湖北地连七部,胸襟带江汉,号称泽国,民居多濒水,资舟楫之利,通商贾之财,东西上下绵亘千八百里,随山川形势而成都会,随都会聚落而大小镇市启焉。"①

元朝末年,长江中游地区市镇发展较江南一带缓慢,龙港直至明代才被称为龙川市,与此同时也标志着龙港由简单商业性聚落,向地区交通枢纽型市镇演化的完成。

二、鼎盛期

龙港气候温暖,土壤肥沃,农副产品的大量剩余促进了农业的商品化;龙港位于鄂赣咽喉,水陆交通便利,必然会增加区域间人口流动(主要是江西移民)的可能性。种种因素相交织,促成了龙港的鼎盛。

明清时期对土地的深度开发,农业耕作技术的进步,水利工程的兴修等,使长江中游地区农业有了长足发展。所谓"湖广熟,天下足",主要是指稻谷的剩余,同时也说明两湖地区的粮食已成为全国范围长距离贩运贸易的重要商品。龙港地区余粮的增多,为粮食的商品化奠定了坚实的基础。

在中国,比棉纺织业起步更早的是麻纺织业和丝纺织业。麻纺织业的主要原料是苎麻和葛麻,在阳新县种植苎麻有1700余年的历史,素有"麻乡"之誉。除苎麻外,阳新水果以柑橘为大宗。明嘉靖开始种植柑橘,清光绪末年,龙港等地有成片的柑橘园。经济作物的广泛种植为农业生产的专业化创造了契机,并由此推动了农业商品化的进程。

1564年,倪永乃、乐连、关世雄从江西南昌迁入东源,带进了造纸业,州内造纸业始兴。1566年,龙港等地有130多家造纸作坊。矿冶业是明清长江中游的重要手工业,煤炭业是传统的矿冶业。1852年,龙港兴办箬田沟煤矿,矿井深60丈。

此阶段,龙港的鼎盛主要得益于自然、交通等内在因素。农业的快速发展,

---

① 章学诚.湖北通史检存稿

使龙港及其周边地区的农副产品出现大量剩余。龙港作为地区交通枢纽,被赋予了新的功能——商品流通,因为便利的水运条件是商品流通不可缺少的,而龙港鼎盛的关键则是实现了农业的商业化。

三、成熟期

晚清时期,阳新县内有阳辛、龙港、排市、三溪、州城[①]5 个内河贸易港和漳源口、黄颡口、富池口 3 个长江贸易港,这些市镇港口组成了阳新县境内的水路网络。

1840 年鸦片战争之后,龙港拉开了近代化的序幕。清咸丰八年(1858 年)《中英天津条约》的订立,决定增开汉口等 9 处为通商口岸。1861 年,武穴总卡设立于广济县武穴镇滨江处。这些历史事件,都极大地发挥了龙港作为阳新内河贸易港口对外商贸交流的作用。

此阶段,龙港的发展主要受到来自经济、政治等外因的影响,在其充分发挥自身地理位置与交通区位优势的同时,农业生产与商业贸易取得了长足的发展,龙港作为地区商品集散地已日趋成熟。清末民初龙港老街店铺鳞次栉比,旗幡招展,甚是繁华。

四、衰落期

1929 年,李灿、何长工率领红五军第五纵队挺进鄂东南,设司令部于龙港。次年 5 月,彭德怀率红五军二、三、四纵队进抵龙港,龙港成为鄂东南革命根据地中心,党政军财文 48 大机关曾驻扎在龙港老街上。1932 年,龙港失陷,龙港经济衰退,市场萧条,粮食、苎麻、棉花、茶叶产量均大幅度下降。1938 年,日军攻陷阳新后,境内遭到极大破坏。1949 年新中国成立后,龙港百废待兴,但在很长一段时间里无法从战争的破坏中恢复过来。

此阶段,龙港经历了数次战争的摧残,农村经济受到前所未有的破坏,龙港原有对外输送农副产品的枢纽功能不复存在。抗日战争时期龙港曾遭受日军飞机的轰炸,镇区建筑破败不堪,许多明清时期的建筑被炸毁。

---

① 在清代,阳新被称为兴国州,州城即指阳新县城。

第二节　空间格局

一、"三山·两河·一新城·一老街"的空间结构

"三山"指镇区北侧的观音阁;西侧的狮子山,山顶为红军革命烈士陵园;东南侧的官庄山。"两河"指镇区东侧的龙港河与西北侧的下陈河。"一新城"指以贯穿镇区南北的 106 国道(龙港新街)为中心的新城。"一老街"指现存的龙港老街。

龙港镇鸟瞰图

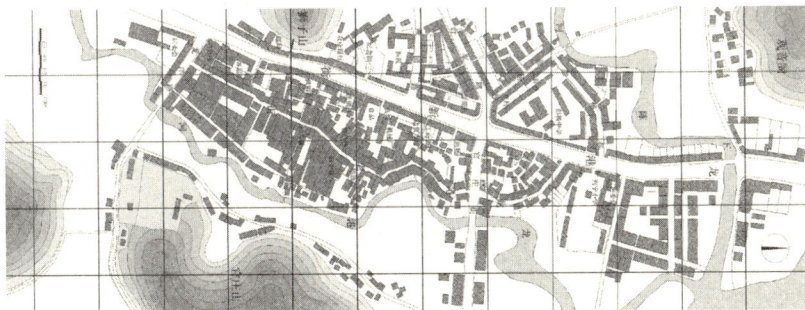

龙港镇总平面图

二、龙港空间演化

龙港属乡村型聚居,最初完全是自然生长发展的,居民的生活依赖于自然

界,聚居的规模较小。明清时期,龙港商业日趋繁荣,镇区规模不断扩大,但由于市镇居民生活对龙港河的依赖特别强烈,从而制约了龙港非临河第二层街市的形成,镇区沿龙港河向两端延伸。清末民初,镇区西侧开辟一条南北走向的道路,但道路两侧鲜有人居住,镇区依然沿龙港河向两端延伸。解放后,随着人口的不断膨胀,镇区规模越来越大。上游富水河大坝的修建致使龙港河失去通航能力,原有对外水运交通模式遭到破坏,古镇被迫依靠陆路交通,从而促使镇区向西侧发展,在原有道路基址上修建新街,并围绕新街建设新城。由于交通方式的改变,龙港的商业重心逐渐从老街转移到新城,新城兴盛带来老街衰落。

第三节　街巷空间

龙港老街原系古龙港镇主要街道,长800米,宽约5米,青石板路面,街道两旁全是青砖布瓦二层楼房,一进数重,店面前均砌有两级石台阶,店面为红漆门板和地板。街道蜿蜒曲折,市面古朴典雅,是长江中游地区市镇街道的缩影。

一、主要的街巷

龙港老街上共有巷道9条,这些巷道使街道空间向垂直于街道的方向上得以扩展、延伸,构成二维的空间系统。巷道与街市不同,不是经商交易之所,主要起到联系主街与外界的作用,方便当地居民的交通与生产,特别是建立了与龙港河

街巷结构图

前段街景

中段街景

街屋的立面

的直接联系,使龙港老街上汇集的农副产品能够迅速地运送到河边的埠头;其次,巷道连接了主街面与街道外围的建筑,使古镇绝大部分建筑都能与街道发生交通与空间上的联系。

(一)同太巷

同太巷位于彭德怀旧居、劳动总社旧址山墙南侧。巷道长约 90 米,宽约 1.5 米,两侧山墙高 7.7 米~8.6 米,巷道空间狭长、深邃。巷道两侧界面是建筑的山墙面,巷道直通龙港河上的梅家桥,是老港老街联系龙港河乃至龙港河对岸广大地区的纽带。

同太巷

同太巷中的横撑

乌镇火弄中的木横撑

紧邻同太巷两侧的房屋是过去大户人家的宅邸,特别是彭德怀旧居、劳动总社旧址,共五进屋架,从而使房屋更加靠近龙港河边,方便生活、交通。由于是一户人家,房屋山墙不会轻易发生转折,从而造就了同太巷平直深远的空间特色;再则,直直的巷道也方便将龙港老街上的农副产品更快地运送至龙港河边。

在江浙一带的古镇中,许多深宅一侧建有长弄,称为避弄。大户人家除了年节喜庆等重要日子,平常不开正门,都是走避弄,因此每进都是有侧门与避弄相通,人来客往由避弄出入,互不干扰。除此之外,避弄的另一个重要作用是将建筑群互相隔离,使之各自形成独立的单元,遇不慎失火,可以防止火势蔓延,有此作用的避弄又称火弄[①]。同太巷就类似于这样的火弄,巷道两侧房屋在巷道内侧开有侧门。在同太巷两侧山墙之间每隔5米~6米就设置一个由石板与青砖砌筑的横撑。据龙港老街居民说,这些横撑是用来防止巷道两侧山墙向巷道内倾斜,甚至倒塌。在乌镇东栅市某民居旁的火弄中也有相同功能的木制横撑。由于横撑的存在,使同太巷更接近于一种半室外的空间形态。

(二)移昌巷

移昌巷位于龙港老街92号山墙南侧,距镇政府节点约50米。巷道长约110米,宽约1.7米,两侧山墙高6.6米~7.8米,宽高比约为0.25。与同太巷平直深远不同,移昌巷曲曲折折,通往龙港新街。

移昌巷鸟瞰图

移昌巷入口

移昌巷位于龙港老街远离龙港河的一侧,由于过去的大户人家一般多会选择靠近龙港河一侧建造房屋,故移昌巷两侧房屋进深较小,未能形成如同太巷那样平直深远的空间形态。后来龙港新街逐渐兴盛,为加大老街与新街之间的联系,移昌巷得以延伸与发展,在巷道两侧建起了一些新的面向巷道内侧的房屋。由于户数较多,修建情况很难控制,故而形成了移昌巷曲折多变的空间特色。据观察,通往龙港河边的巷道基本都是直的,只是巷道的走向不一定完全垂直于龙港老街,而通往龙港新街的巷道一般都有转折。

---

① 陈晓燕、包伟民.江南市镇——传统历史文化聚焦.上海:同济大学出版社,2003:89

（三）恒生巷

恒生巷位于鄂东南政治保卫局旧址山墙南侧，距镇政府节点约 35 米。巷道长约 70 米，宽约 1.4 米，两侧山墙高 6.2 米～7.5 米，宽高比约为 0.23。据龙港老街居民说，恒生巷原是通往龙港河边埠头的巷道之一。

如今恒生巷两侧的房屋大多已经改建甚至新建，而且很多人家把自己房屋的主入口设于巷道内侧，行进其中也是别有一番风味。恒生巷已不仅仅是作为居民交通的道路，更是居民日常生活的巷道。

恒生巷

二、重要节点

（一）街口

街口北靠官庄街。节点形态较集中，主要以四周几栋住宅建筑相围绕而成。老街与官庄街交汇处并未设置明确的标志，街口节点所形成的内凹曲面，客观上起到了引导的作用，而屋面平滑的轮廓线与店面造型的重复加强了街口节点的迎进感觉，使人们由空旷的街外空间过渡到狭窄的线形街内空间，感到比较自然。

街口节点由左侧整齐的店面与右侧凹进的场院组成，为人群的集散提供了较宽敞的空地。场院中曾有用木棍支起的雨篷，形成供人们活动的限定空间。如今，雨篷没有了，木棍被街道居民用来晾晒衣服。紧接街口节点的一段街道空间狭窄如巷，场院与街道形成放开与收紧的强烈对比，丰富了整条街道的空间特色。

（二）拐角楼点

经过一段平直狭窄的街道后，便进入到一个错位的十字路口——拐角楼。拐角楼节点右边的路口比较隐蔽，原是通往河岸码头的通道之一，左边是通往龙港新街的小巷。由于两条巷道的汇入，此节点空间形态较为分散。拐角楼节点开放式的空间形态不仅巧妙地联系了南北两段街道，而且由于其南端街道较短，与镇政府节点相邻较近，较分散的空间处理可以强化镇政府节点在整体街道结构中的核心地位。

（三）镇政府

镇政府节点处于龙港老街的中心地段,由街道右侧凹进的场院与街道组成。节点右侧大体量建筑原为大商户的宅邸,大革命时期是龙燕区苏维埃政府,现今为龙港镇政府所在地,是龙港老街上最重要的建筑之一,适宜的广场尺度足以让行人看到这座住宅的雄伟全貌。广场对面是鄂东南电台、编讲所旧址、少共鄂东南道委旧址,这些重要的建筑汇集于此,足以烘托镇政府节点的中心地位。

镇政府节点的尺度较大,广场面宽约 14 米,进深约 22 米,这样大的空间尺度在以线性空间为主轴的明清古街中是很少见的。据龙港老街居民说,在镇政府节点处,最初街道两侧是连续的建筑界面,鄂东南龙燕区苏维埃旧址前原有几栋建筑样式与沿街其他木结构建筑一样的店铺,不幸在战争中完全损毁了,从而造就了现今镇政府节点的空间形态。

（四）关帝庙

关帝庙节点距龙港老街南端的龙洋路约 120 米,由关帝庙与街道对面的住宅建筑围合而成。由于街道在此处出现了急剧的扭转,从而让出了更为开敞的街道空间,形成了内聚性较强的空间。在经过了尺度适宜、节奏舒缓的镇政府→关帝庙段街道后,关帝庙节点就好像给街道打了一个折,造成空间上的视觉停顿。

第四节 特色建筑

龙港老街临街现存房屋 200 栋左右,其中约 60% 始建于明清两代。龙港老街上,屋随街建,面宽窄,进深长,一进数重。沿街老宅居住方式以前店后宅为主,也有少量是下店上宅。老宅中大多有天井,这样不仅能够改善屋内小气候,而且产生了许多室外、半室外空间。同时还有革命时期所留的许多故居和旧址。古镇老宅中有代表性的实例有:

一、彭德怀故居旧址

彭德怀故居旧址共五进屋架, 位于龙港老街 55 号。老宅第一进为临街店铺,原是商店,形似刀把状,仅只有两开间。第三进处设有石墙门,将整座老宅前后划分为公共与私密两个部分,是前店后宅空间结构模式。老宅天井均为俗称"四水归堂"的四合天井。由于临街面宽窄,屋内进深长,第一进天井呈长条状,屋顶将其分解成两个小井口,后面几进天井则恢复为通常的横向布置。这种纵向布置的天井在龙港老街上是很少见的,也体现了民居在建造上因地制宜的特点。

彭德怀故居屋顶鸟瞰图

彭德怀故居外景

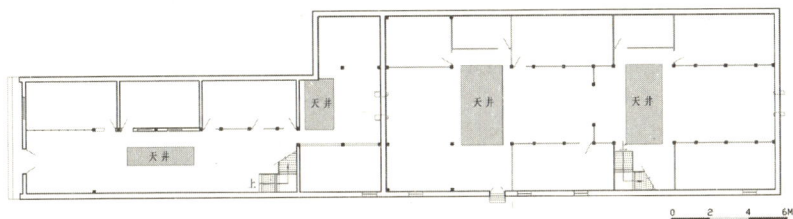

彭德怀故居平面图

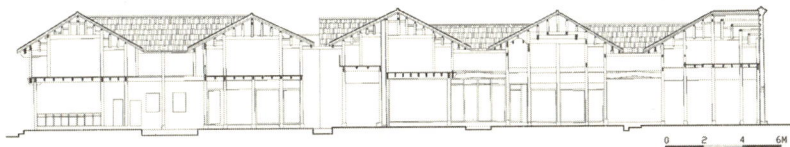

彭德怀故居剖面图

二、龙燕区苏维埃旧址

龙燕区苏维埃旧址现为龙港老街 87 号,位于龙港老街中段,镇政府节点,通过建筑前的敞院与主街相连。建筑坐东面西,为一栋三重两天井、小瓦屋顶、硬山两层楼房,始建于民国初年,建筑面积为 446.4 平方米。1929 年冬至 1932 年秋,龙燕区苏维埃政府设于此。当时有正、副主席及军事、政治、财政、青年等部门,管辖龙港、洋港、燕厦、洪港、沙店等 18 个乡。2001 年,龙燕区苏维埃旧址被国务院公布为第五批全国重点文物保护单位。

龙燕区苏维埃旧址鸟瞰图

龙燕区苏维埃旧址外景

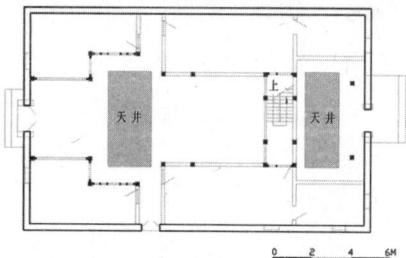

龙燕区苏维埃旧址平面图

龙燕区苏维埃旧址剖面图

据龙港老街居民说,在此建筑前临街的地方原有几栋排门店铺,不幸在战争中完全损毁了。而龙港老街 87 号则是过去大户人家的宅邸,完全用于居住。大革命时期是龙燕区苏维埃政府,现今为龙港镇政府所在地,但房屋处于闲置状态,无人居住或使用。

此栋建筑在修建时充分考虑了防盗防火,其外墙高过主要厅堂屋脊高度,并且不管是主要房屋的山墙,还是厢房后檐,皆为一致高度,形如城墙。外墙的封闭是源于对防御的要求,并解决了密集而居与私密性要求之间的矛盾。但是,这样处理外墙,结果造成内庭院空间十分闭塞,同时也迫使厢房必须盖成一面坡顶,向内院排水。

建筑内部轴线明确,不曲不折,房间左右对称布置,型制规整。建筑有两进,每进设有天井,天井两侧布置卧室,前后布置厅堂。前厅堂十分开敞,没有隔断,在空间上与第一进天井连为一体。

建筑室内的门窗梁柱有许多雕刻作品让人叹为观止。木雕石雕大多蕴涵着吉祥含义,题材以民间传说、戏剧场景为主。同时还十分注重装饰与光线的关系,让光线从天井射入,透过漏窗、门窗与木棂,来渲染室内空间气氛。

三、肖家祠

在中国古代封建礼制社会中,普通百姓是不允许设立家庙,只能在自己家里供奉祖先牌位进行家祭。到了明代以后,朝廷才允许百姓祭祖也可以建家庙。清代以后,把这种家庙称为祠堂。尤其在广大农村,以一个姓氏为名的祠堂,更成为村镇不可缺少的建筑[1]。

肖家祠外景

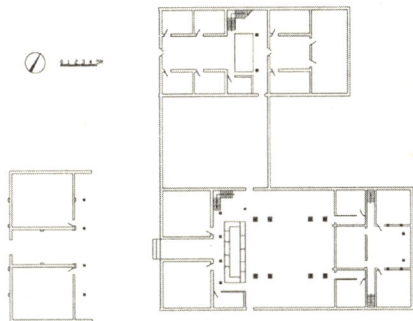

肖家祠平面图

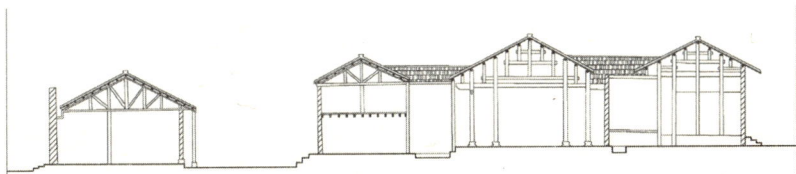

肖家祠剖面图

---

① 楼庆西、李秋香.西文兴村.河北教育出版社,2003:55

　　肖家祠位于龙港老街北部端头与龙港新街交汇处,彭杨中学内,坐西朝东,是肖氏族人敬祭祖先,联系宗族,增强族人合聚的公共场所,在过去其重要性也不亚于关帝庙。据实地考察得知,龙港老街上有很多户居民都姓肖。大革命时期肖家祠和万寿宫等组成鄂东南彭杨学校,培养了大批红军、游击队军事干部。整个建筑群由三大部分组成:第一部分为五开间门厅,始建于建国初年,由中央南方慰问团提议拨款兴建;第二部分为肖氏宗祠;第三部分为"万寿宫",位于肖氏宗祠北面,始建于清末,总建筑面积为2494.2平方米。现今,肖家祠仅存中厅和前重,挂有彭湃、杨殷烈士像,并作为鄂东南彭杨学校旧址被国务院公布为第五批全国重点文物保护单位。

第六章 因桥而兴——崇阳白霓镇

"生意兴隆昌四海,财源茂盛达三江。"在星罗棋布的湖北古镇当中,享有这样的美誉的地方并不多见。但是,若把这词句用来形容崇阳白霓古镇,却是再合适不过了。

白霓镇位于崇阳县的东部,东边与江西接壤,南与湖南岳阳相望,北连咸宁、武汉,西邻赤壁。武汉至湖南长沙的 106 国道、崇阳至江西修水的省道交汇于此,高堤、大市两河环镇汇于小港,经由陆水通向长江。相传在明代嘉靖年间(1522—1566 年),当地的一位叫熊白泥的商人为了方便百姓,捐资建桥于大市河上。为铭善举,当地人以熊白霓的名字命名此桥。此后,人们索性将白霓之名扩延到全镇,一直沿用至今。

第一节 历史沿革

白霓镇始建于宋,为崇阳四大古镇之首①。明嘉靖四十年(1561 年),当地商人熊白泥,捐资修建一座石桥,为铭其善举,将桥命名为"白泥桥",后改"泥"为谐音字"霓",成为"白霓桥"。桥以人名,镇以桥彰,古镇亦命名为"白霓"②。始建于后唐和宋代的水利工程——石枧堰,已逾千年仍富泽后人,并吟唱出白霓提琴

---

① 白霓桥、大沙坪、桂口、堰市为崇阳县(除天城镇外)四大古镇,见《崇阳县志》。
② 白霓:据《白霓桥碑文》记载,"白泥桥始建于……光绪十五年六月十日公立"。后改"泥"为谐音字"霓",成为"白霓桥"。

戏①《钟九闹漕》。白霓特色古商业街——中节街,青石路、朱木门、马头墙、斗拱楣,古香古色,幽静悠长,吸引南来北往的客商。

明、清以来,当铺和各种商号、大小手工业作坊、商贩摊点、交易市场均集中于此。清末民初,白霓镇是周边地区重要的商贸集镇,这里成了三省交界之地各种土特产品和农副产品的集散地。清代诗人沈哲卿曾赋诗描述当时的情景:"城中多共远高栖,办得苏杭百货齐;十字街头人济济,高楼铺面属江西。"时至今日,周边许多的江西人逢年过节,都赶到白霓镇来购置商品。从建镇至今大致经历了以下六个发展时期:

一、古桥建成,镇以桥彰

在白霓桥还没有建成以前,宋朝张乖岩任崇阳县令时,号召农民加强农田基本建设,将远陂堰修建成功,形成条件良好的水运网络,主要是由环抱古镇的大市河、高堤河以及一条横穿众村落的被当地人称为"白霓圳"的人工渠组成。大市、高堤两河直通长江,而白霓圳离汇聚隽水处不远,水运货物十分便捷。但由于河道的存在,使陆路交通极为不便,崇阳地区主要的集市当时还是在大市一带。

直至明嘉靖四十年(1561年),当地有个卖猪肉的商人熊白泥,由于受到河水的阻隔,河对面如果有人要买肉,他得用一根长竹竿挑着递过去,那边的买家再将钱挂在竹竿上递回来,煞是不便,熊于是捐资修了一座石桥,百姓往来,两岸一下顺畅了。为铭善举,将桥命名为"白霓桥"。它作为一种交通的道桥,已经远远超过其自身的意义,在白霓人心中,更是把它作为白霓镇的象征,白霓人的图腾。于是,人们纷纷在桥旁边设商店,建戏台。在这种"桥文化"的影响下,逐渐形成了以白霓桥为中心的"上街头"。

有了陆路的贯通,加上本来就具有的水运条件,使其交通优势呈级数凸现,并在桥边形成了集市雏形。

二、港口确立,发展水运

由于水运具有陆运无可比拟的优越性,船运迅速,运载量大,运输成本低,逐

---

① 提琴戏:清光绪十五年(1889年),岳阳花鼓戏艺人蒋传玉、彭瑞生,先后率班到通城、崇阳演唱。后来戏班解散,蒋等在崇阳华陂定居,以教戏传艺为业,逐步形成具有独特风格的地方剧种——提琴戏。后称崇阳地区为"中国民间艺术之乡"。

渐成为远程贸易的主要运输方式,故几乎每条河道都留下商船的痕迹。在江南太湖流域及珠江三角洲、荆湖南北、洞庭湖周围等低地平洼处,湖泊广布,河道密织,普通农户以舟代步,往来各集市、墟镇,"户户门通入郭船"[①]。

因大市南北两翼的水上交通运输的中断,船运只能到达白霓,为木船运输的港口也随之诞生,因此原在白霓桥附近形成的集市逐渐向大市河发展(垂直于大市河),形成白霓桥港。

该港昔为县境重要港口之一[②],属县城东南地区之重点通商港口。白霓桥镇内滨大市港,外连小港通陆水河,舟楫运输占有得天独厚的地理优势,很早就受到各地商贩青睐,来往贸易,多云集镇内,外地迁来镇上的经商人户日繁,来自江西、通山等地商贩接踵而至,既有黄花、黄豆、花生、薯粉、细茶,又有百杂商品货类,苏塘一带的皮梓油、羊山纸,大量商品源源输镇推销,为商人收购后船运外出。

三、因市成街,以街为市

明代前期白霓镇虽有居民点,但还是一片漠漠水草之地。明万历年间(1573—1619年),大白刘家的京官刘景韶捐银3000两,在白霓桥南北的两条河(大市河和高堤河)上分别修建余耕、余恩两座大桥。交通的便捷,使这里逐步形成了商业繁荣的小镇,并有水路通汉口,小街上的茶庄、百货店、肉铺、酒肆比比皆是,乃至腰缠万贯的商贾亦有人在。中节街乃长沙至武昌的古驿路所必经之地,区位优势让商贾富豪看到了这里的巨大商机,在白霓桥、白霓桥港和余耕桥陆续建成后,开始在白霓桥和余耕桥的中间地段设置商铺。在王允臣开设的"启大祥当铺"和蔡宿德的祖先开设的"蔡协和商店"之后,接着开业者,除有"刘仁裕"、"协兴和"、"前丰厚"三家当铺外,还有"尧永记"、"复兴祥"等较大的商店,此起彼落,雄踞一方。"市"逐渐由上街头延伸至港口,因用地受到河水的限制而沿河发展至余耕桥,最终显现完整的中节街雏形,并形成"因市成街,以街为市"的局面。

四、商贾辏集,渐成市镇

转入1930年代,古镇经营京广百货、食盐、杂货的大商号,如尧永记、复兴

① 邹逸麟.中国历史人文地理.科学出版社,2001.04
② 《崇阳县交通志(水运篇)》.湖北省崇阳县交通志编写办公室,1984

祥、鼎成恒、永俗、俗大等 26 家,都握有巨额资金,左右白霓桥的经济。同时大小手工业作坊也大大兴起。特别是 1935 年"武长公路"建成以后,陆路交通极为便利,白霓桥商业不断得到发展,终于成为崇阳下乡进出口各种货物的最大集散地——一个手工业、商业并茂的市镇。

五、商户外逃,集镇衰落

1938 年日军占领公路沿线,崇阳沦陷,白霓桥各大小商户老板外出逃难,商业遭受到严重破坏。1945 年抗日胜利,特别是 1949 年崇阳解放后,白霓镇又得到恢复和发展。1966—1976 年的十年"文化大革命",使白霓经济的发展再次受到重创,许多古民居古建筑在破四旧中被破坏,商铺相继关门,工商业基本处于停滞状态。

六、改革恢复,新老并置

解放后,在国民经济恢复时期,由于中国共产党实行了保护民族工商业的政策,又自 1956 年顺利实现了资本主义工商业的全行业公私合营,白霓桥的商业发展速度极快,其工商户的骤增,仅次于天城镇,而远远超过了大沙坪。

1970 年余耕桥被改建成为公路桥,古镇突破以桥、河、路为空间意象的边界,向外扩张的新区域,继续向南北方向扩展,形成新镇区,与老镇区协调发展。

第二节　古镇格局

一、"两水夹明镜,双桥落彩霞"的地理格局

白霓镇选址于大市、高堤两河之间的平坦地带,背靠金城山。村落繁多,人烟稠密,但无商家,更无集镇,一般都是到大市做买卖。远陂堰的建成,大市的水上交通运输中断,随着白霓桥与余耕桥的建成,陆路贯通,1935 年"武长公路"建成,再加上白霓桥临近隽水,水陆交通极为便利,白霓镇成为崇阳下乡进出口各种货物的最大集散地。

白霓镇鸟瞰图

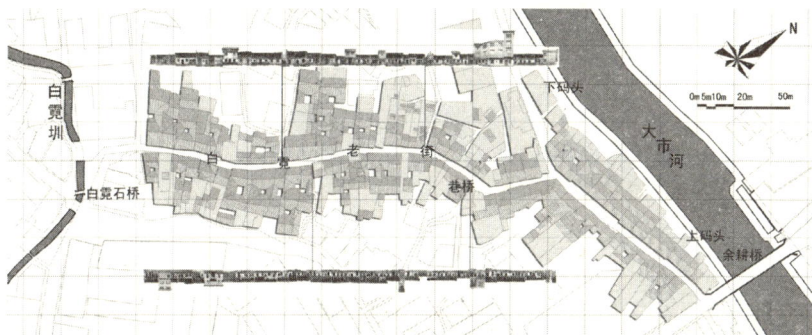

白霓镇总平面图

二、"一山三河·新老并置"的空间形态

古镇最初是几个临水而居的居民点,随着明宣德年间(1426—1435年)白霓桥的建成,陆路贯通,形成以白霓桥为中心的集市,向大市河线形发展到码头,并沿河向东发展;清末余耕桥的建成,使古镇跨河发展到北岸;武长公路的修建,古镇垂直街道扩充,老镇区基本形成。

古镇形态紧凑,以高堤河、白霓圳、大市河三条河道为主要水系脉络,背靠金城山;新镇区将老镇区包围其内,既保护了老镇区又发展了新镇区,逐步形成"一山三河·新老并置"的空间形态。

第三节　街巷空间

白霓古镇的核心为明清老街——中节街，始建于明宣德年间（1426—1435年），由白霓石桥向大市河的白霓港垂直发展到巷桥，后沿河发展至余耕桥头，形成"Z"字形的街巷空间。中节街现存约 500 米，平均宽度约 4 米，青石板路面，朱木门、马头墙、斗拱楣，古香古色，幽静悠长，过去街道两侧砖木结构的青砖黑瓦建筑，古朴典雅，反映了当地的历史和地域文化。

一、"两河·两街·三桥·七巷"的街道空间

"两河"即白霓圳、大市河，"两街"是指的中节街的垂直河与沿河两段街道，"三桥"则是白霓桥、巷桥、余耕桥。两河将中节街夹在中间，呈 Z 形，中节街本身则呈"弓"字形，将白霓桥和余耕桥连接起来，再加上街中的巷桥，成为"三点一线"。

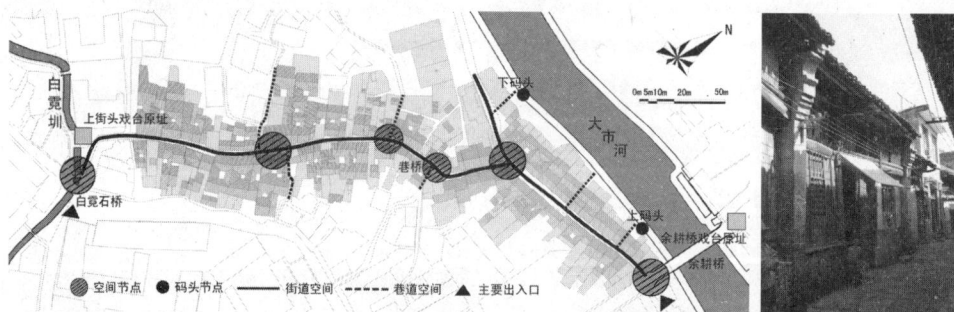

鱼骨状的街道图　　　　　　　　　　　　临街店铺

中节街街景 1　　　　　　　中节街街景 2　　　　巷道空间

二、重要节点

(一)河与桥及街

白霓桥是一座完整的石桥,桥一侧的上街头戏台立于白霓圳之中。虽然现在的白霓桥为步行桥,但其社会功能依然突出,与居民日常生活紧密相连,如晾晒、桥边交易、集市和游憩等。

原来的余耕桥属于廊桥,其型制独特,石木结构,呈南北走向,长120米,宽7.5米,双桥墩。桥面铺木板,双坡瓦屋顶,两侧木栏杆、望柱、坐椅,桥正中向外悬挑设置神龛。现在的余耕桥于1977年改造为一般的公路桥。

巷桥造型小巧独特,桥面与街道均为石青板路,桥与街巧妙结合,浑然一体。

白霓桥节点

(二)街巷与码头

古镇有上、下两个码头,青石砌筑,呈扇形展开,其末端是运货、行人通道,直通街中。如今码头功能已由原先的交通货运转变为居民日常生活使用,如洗涮衣物、养禽等。

沿河私家码头

（三）街与街、街与巷

街道的曲折和宽度的变化创造出一种亲密感和趣味感，并伴随多种社会活动。中节街84号教堂前，建筑采用切角处理，使街巷空间出现转折。巷桥之处，存在较宽的开敞空间。沿街沿河两段街道的交汇处，由于街道的空间序列的转化，形成一个交汇互通式空间节点。街巷节点伴随着桥、教堂和牌坊等公共建筑一同出现，不仅体现出很强的公共性，也成为人们聚集、交易的场所。

街道节点

第四节　特色建筑

老镇区目前现存有沿街建筑150余栋，层数在一至三层之间，其中约60％始建于明清两代。历经几百年的历史积淀，这些建筑受当地的气候条件、自然环境、历史背景、文化内涵、生活习惯和宗族理法等诸多因素影响，呈现出地域性的特色。

在白霓古镇垂河街段（长约300米），街道两旁全是青砖布瓦二层楼房，多为双开间，亦有单开间或三开间，也有连排店面，三间或五间，朱木门，马头墙，斗拱楣，形成了统一丰富的临街建筑景观。老建筑大多以前店后宅为主，也有少许店铺是下店上宅或前店后坊式。建筑中大多有天井，也有少数天斗或天井天斗混合式的。重要的建筑实例有：

一、白霓甘宅

该宅位于中节街62号,为三天井建筑,但后两个天井是加建的。因受到用地条件限制,为争取更多可利用面积,建筑布局不拘一格弱化了中轴线,用天井来增建、改建和重新分割建筑,实现延续建筑生命并满足居住、生活的种种需求。

甘宅外景

甘宅上洞天井

甘宅下洞天井

甘宅天池

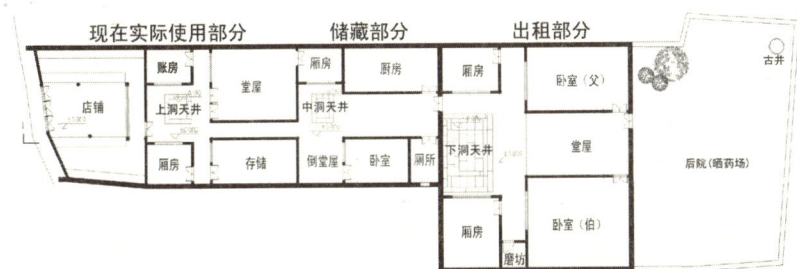
甘宅平面图

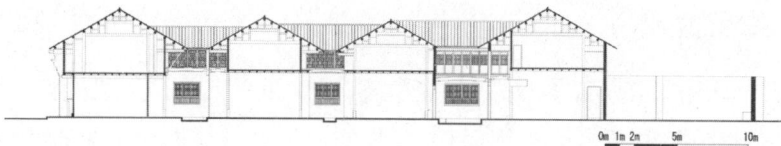

甘宅剖面图

　　甘姓住户从清末起祖孙三代均以经营药材为生，药店取名"保生和"，在建国初成为中节街上最大的药铺。为了满足人口增加带来的居住要求，在原建筑的后部，建了第二个天井，并围绕这个天井井池，建立了厢房、厨房、厕所、卧室和主要供会见女客及娱乐用途的倒堂屋；此后，继续向后面增加了一个天井，两边安设了两个厢房；天井后面则是堂屋，两边为卧室。后院主要用来晾晒药材。

二、白霓杨宅

　　位于中节街35号，为天井天斗并置式建筑。该户为麻花加工作坊，建筑面宽6.8米，两层砖木结构，室内有一个天斗和一个天井。天斗位于一、二进建筑之间，约4米见方，空间较高，两侧留有气缝，其上附有亮瓦采光，室内光线静谧柔和。第一进为店铺柜台，中间以天斗作为过渡空间，其下形成一个"光庭"，兼备

杨宅鸟瞰图

杨宅外景

杨宅天斗

杨宅平面图

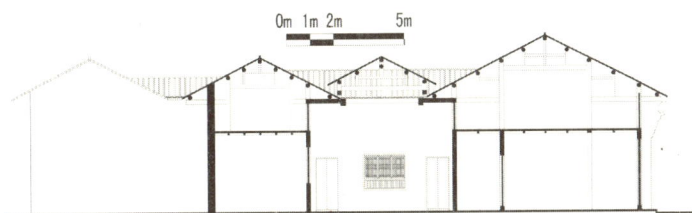

杨宅剖面图

采光通风和工作间的功用,户主在此进行原料初加工;厢房则是卧室(工人房),第二进建筑布置了仓库和加工(油炸、烤)间,其后二、三进之间有天井,三进为厕所等辅助用房。建筑现为一层居住,二层空置,通过活动木梯上到第二层。

三、白霓丁宅

建于清嘉庆(1796—1820年)后期,位于中节街11号,是当地的纯商业建筑,一楼为前店后坊,二楼用来堆放原料、半成品和成品;店主和帮工晚上回各自的住处休息。因此,为了防止夜间盗窃,将建筑四周甚至临街面用青石山墙砌筑。

丁宅屋顶鸟瞰图

荆楚古镇沧桑

丁宅外景

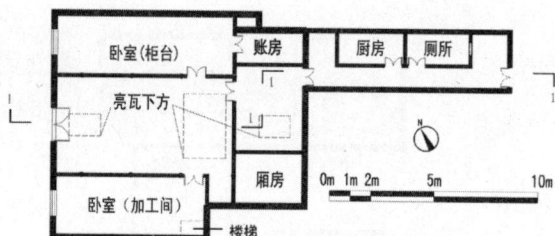

卧室(柜台)　账房　厨房　厕所

亮瓦下方

厢房

卧室(加工间)

楼梯

中节街11号丁宅一层平面

丁宅平面图

　　从型制来看,丁家显得跟毗邻建筑有点格格不入,这主要归咎于其四面山墙的独特风格。其山墙是采用青砖为主要材质,而且环绕四周,将建筑围合于其中。这一做法起到了良好的防火、防盗的作用,同时也符合当地据说是"聚财"的一种风水学说法。丁家一直经营副食品加工,主要是麻花和糕点,并以"石大门"这一字号命名。从细部来看,大门门楣上有雕着鹿的图案,而窗沿下则有两只蝙蝠的木雕,分别代表谐音字"禄"和"福",有"福禄呈祥"的意思;堂房前、堂房后和饭堂三处使用亮瓦采光。三处亮瓦位于建筑中轴线上,使得室内光线充足,让人的视线一眼就可以到达房屋的每一个角落。

第七章　因铺而兴——赤壁新店古镇

"几年同作江湖客，一半茶寮笑咏来。"这句诗见证了赤壁新店镇悠久而浓郁的茶文化。过路的商人往往在茶铺中歇脚，或谈生意，或稍作休息；听评书，摆龙门阵，相互交流着来自四面八方的消息。茶铺与饮茶，早已成了新店人日常生活的组成部分。建镇几百年来，新店的茶文化对其自身的发展起到了重要的推动作用。

新店镇位于湖北赤壁市区西南 39 公里处，与湖南省临湘市一河之隔，总人口为 29000 人。目前，京广铁路、107 国道、京珠高速公路三大交通动脉穿境而过，构成新店镇得天独厚的交通框架。古镇内现存的老街始建于明洪武年间（1368—1398 年），路面以麻青条石铺筑，总长约 800 米。街道两侧保留清代、民国时期的住宅 90 多处，2002 年被列为省级重点文物保护单位。其明清石板街、东周·西汉土城遗址，2002 年同时被列为省级文物保护单位。

第一节　历史沿革

新店建镇 400 余年，为赤壁六大古镇之一。关于"新店"名称之由来有两种说法：一是据说最早的水运驿站在明洪武年间（1368—1398 年）所建的港口驿，因潘河①是季节河，枯水季节船只难以到达港口驿，只能停驻中段，即现在的新店老街沿岸，久而久之便形成一座物资集散转运驿站，进而店铺云集，故得名"新店"。另一种说法是，相传很早此地一片荒凉，却又是交通要道，有人在此结茅而

---

① 古称"蟠河"，又名"新店河"，下游称"新溪河"。

居,久之,便成为路人歇脚纳凉、饮水充饥之店,遂称"新开饭店",简称新店。总之,无论哪种说法都与店铺相关。

史料载,新店传统街巷始建于明洪武年间(1368—1398年)。自建镇以来至1947年,属湖北省嘉鱼县辖理;1948—1985年,属湖北省蒲圻县管辖;1986年蒲圻撤县设市,新店隶属湖北省咸宁地区蒲圻市;1998年蒲圻市更名为赤壁市,新店隶属湖北省咸宁市赤壁市[①]。

明洪武年间(1368—1398年)在潘河中段形成新的水运驿站后,沿河街区的条石铺面及条石建筑陆续完善,形成了当地独有的条石建筑码头集镇。总结起来,新店古镇的发展可以划分为以下五个阶段。

一、港口确立,街市形成

明代,鄂南地区的社会经济有了一定的发展,社会流通随之在寻找各种渠道。当时陆路运输以人力、畜力为主,容易受地形和运输工具的影响,水运就成为商品流通的主要途径。新店潘河是沟通鄂南与长江流域其他城镇的重要水系之一,原来的港口设在赵李桥附近,当时新店的经济发展并不快,但因为潘河在赵李桥段遇到枯水季无法通船,只能停航,而在新店的河道却可以常年通航,所以后来将港口改在新店。至此,当地的经济便蓬勃发展起来。沿河的居民点发展为居民带,并在河边进行水上运输活动。随着水运的发展,各种商业铺面相继出现,于是,新店仗地理优势发展经济,街道规模初显雏形,并逐渐开始拓展壮大。

二、街市壮大,商铺云集

清代到民国初年是街区发展的鼎盛期,这时的街区在经济、文化、产业发展方面都有迅速的提高:

经济方面——自新店被确立为新的港口后,潘河的水运具有非常重要的地位和作用:经潘河而出的主要是羊楼洞的茶叶,运销武汉等地,也包括通城、通山、崇阳一带的土特产运销。人们纷纷来此经商,街市的规模也由原来的沿河聚居带向镇内扩充,街道数量增加,并且功能明确。清光绪年间(1875—1908年),个体商户利用独轮车(又称鸡公车)从事民间运输,羊楼洞所产砖茶,多用独轮车运往新店码头,装船运往外地。当时,沿河岸曾筑有联排的吊脚楼,专供水上贸

---

① 资料来源于湖北省第四批文物保护单位申报材料。

易所用,为古镇一景,虽然后来在日军侵华时付之一炬,但现在河边还可觅到柱子的遗迹。街道上的商铺数量和种类繁多,排列紧凑,除了三条主街外,还形成支巷。密密麻麻的船只停泊在潘河两岸,有川帮柏木船、下江盐船、湘河快艇,还有小火轮。山货土产、京广百货都在这里转运集散,沿河还建有货运装卸码头。由此可见,当地经济在此阶段发展迅速。

文化方面——晚清时期,新店设有地方社学,称新溪社学,属全县五个社学之一。1909 年,开设了新溪女子小学,这是新店最早的女子学校。1916 年,新店开办了最早的私立小学,即新溪小学,后与新溪女子小学合并,改名为新店小学。在这一时期,由于外来文化的传播,还开办了新店教会学校。

产业方面——民国初年,新店人黄文润(1866—1926 年),字涵若,在新店创办民生布厂,拥有木机数十台,后又集资开设普济轮船股份有限公司,有"新汉"、"新鄂"两艘轮船,往来于武汉和新店之间,专营货运,以新店为集散中心,沟通了通城、崇阳、修水、丰城等地与武汉的贸易往来,特别是对羊楼洞砖茶的外运起了重要作用。

三、工商并举,发展成熟

前期的发展已为古镇奠定了良好的经济基础,工商业在这一时期有了较大发展,1926 年 12 月,新店成立工会,当时全县只有新店、城厢两镇成立。镇上的公共设施相继完善,1931 年,新店成立邮政代办所。1934 年,由县城至赵李桥再至新店电话线架通,新店设总机一部。商业、手工业继续呈现繁荣趋势,当时周边地区很多居民都来此购物,从事运输贸易的人也常从街上带些特产回家,这一时期古镇的发展已趋向成熟。

四、战事纷乱,街市衰落

1918 年粤汉铁路建成,新店原有的水运优势被铁路运输所取代,经济的繁荣开始衰退,走向衰落期。1937 年爆发日本侵华战争,羊楼洞的茶叶产量锐减,茶坊、茶庄相继倒闭,新店与羊楼洞的茶叶贸易基本停止。1938 年,战争同时也波及新店和周边地区,石板街上的许多民宅都遭到了不同程度的毁坏,严重阻碍了当地经济的发展。1966—1976 年的十年"文化大革命",使新店经济的发展再次受到重创,许多古民居在破四旧中被毁坏,商铺相继关门,工商业基本处于停滞状态。

五、经济复苏,重焕光彩

改革开放后,新店的经济开始复苏。由于羊楼洞的茶叶不再经过新店港口,而是通过铁路、公路销往外地,所以新店开始寻求新的发展生机,其经济发展出现转型。特别是 1980 年代以后,街区的建设速度加快,镇上大力发展乡镇企业、商业、供销和其他服务行业,并有文化、教育、卫生、广播等设施,这些是过去所不可比拟的。

第二节　古镇格局

一、古镇空间形态——河两区,新老并置

新店古镇以河为依托,沿河逐渐发展起来,形成现在老街区与新镇区并置的空间形态。老街区以现存的老街为核心,新镇区由老街区向东、北、南扩展,并环绕在其周围。目前,老街区以商贸、居住为主,新镇区以工业、生产为主。

新店潘河

二、古镇空间形态演变——点、线、面的拓展

明代中后期,新溪河道形成,新店被确立为新的港口。由于水运之便,最初的几个孤立居民点沿河分布在码头附近;随着水上贸易的不断发展,不仅增加了码头数量,同时也沿河铺筑了石板街,散在的居民点互相连接成为带状的沿河街道;由于大量的物资集散、运输经济发展和居民数量的增加,垂直于河流的街道

向东扩伸,形成骨架状生长的古镇形态。

新店镇鸟瞰图

新店镇总平面图

　　根据古镇形成的特点,过去最繁荣的地段应该在河边,贩运商均居于此,河边的茶馆每天都能吸引大量的来往过客和本地居民,成为大家交流信息的平台。后来随着经济的发展,种类繁多的商品进入到街区,销售商入驻到石板街两边,开设了各种店铺,现建设街、民主街一带也自此繁华起来。粤汉铁路修建后,新店的水运优势被铁路和公路所取代,加上战争的影响,沿河地段生意衰败,经济萧条。解放后,新店大力发展经济,民主街成为新的繁华地段,以服装销售为主,沿河街道由于水运贸易的消失由商住混合变为纯居住之地,商业繁荣地转移到民主街。

第三节　街巷空间

一、主要街巷

　　古镇中三条主要的街道分别为:民主街、建设街和胜利街(古井头—王家墩—万安桥),街道平均宽度 3 米左右,三条主街的路面皆用青石板铺筑,街道布局各具特色。

　　民主街是条商业街,也是现在古镇中最繁华的地段,两边的建筑多数是前店后宅,商住功能合一,其空间在三条街道中显得最为狭窄。建设街过去也是商业性街道,后来街道功能发生了转变,现在发展为纯居住性质的街道,环境相对安静,街道空间也相对宽阔。建设街 46～60 号是单面临河,道路蜿蜒至河边。胜利街较长,分为若干段,有主有次。其中,主街古井头—王家墩段以商业为主,王

荆楚古镇沧桑

家墩—万安桥段以居住为主。

民主街鸟瞰图

建设街

胜利街

胜利街街景

店铺

商铺

民主街 69 号和 71 号间巷道 1

民主街 79 号和 81 号间巷道 2

次街主要包括南街和胜利街的部分地段。南街的建设次后于主街,从王家墩延伸至新坦路,路面没有青石板,以水泥路和土路相结合,街面宽敞,宽度为4米~5米,可通行小型机动车辆,街道两侧基本上都是现代建筑。胜利街的沿河段以及王家墩—积善堂段,建筑布局和人口分布不如主街集中,街道宽度为2.5米~4米,路面青石板基本都已经毁坏,以土路为主。

主街上共有巷道四条:民主街上两条,一条在民主街69号和71号之间,另一条在79号和81号之间。民主街和建设街交接的古井头处有巷道一条,通往新镇区的北街。此外,建设街39号和41号之间有巷道一条,通往新溪河边。巷道平均宽度为1.5米~2.5米,长度为20米~40米不等,沿垂直于街道轴线方向延伸至街区外围,与街道一起形成交织的公共交通体系。新店建筑多是沿街面布局,排列紧密,巷道数量较少。建设街上的巷道通往河边,是联系主街与河道、码头的纽带,使人们能更加便捷地从街道内部到达河边,为过去古镇上的茶运、货运交通创造了便利的条件。

二、重要节点

（一）入口

位于民主街入口处,场地宽阔,由于老街内道路狭窄,无法通行机动车辆,所以在这里自发地形成一个小型停车场。另外,此处空间较大,成为镇上居民集会的场所。

（二）古井头

三条主街的交汇处是名为"古井头"的道路节点。此处街宽7米~8米,是街道的黄金地带,有"古井流芳"的美誉,也是街区中人气最旺之地,据说这里曾经有很多特色小吃,使临湘和赤壁两地的人民赞不绝口。各种摊铺挤得满满的,人群熙熙攘攘,人们在此交流、集会,形成了一个小型的交往空间。

（三）王家墩

位于胜利街和南街的交汇处。此处节点虽然空间不大,但交通作用重要,其分叉道路分别通往直达湖南的万安桥和新坦路,这也极大地方便了湘、鄂两省之间的物资、文化交流。

（四）万安桥

位于沿河胜利街与万安桥的交汇处,也是连接湘、鄂的重要节点。从这里把胜利街的沿河部分划分为两段,以北是单号街,以南是双号街。

(五)"此处高"节点

在建设街 45 号与 47 号之间,位于河边,附近有码头,节点以南是沿河的胜利街,以北是沿河的建设街。

古井头节点　　　　　　王家墩节点　　　　　万安桥节点

第四节　特色建筑

新店老街现存建筑 200 余栋,其中约 6 栋为始建于明清时期的传统建筑。传统建筑以砖木结构为主,条石门槛,青砖黑瓦木板门,主要分布在民主街、建设街和胜利街上,是古镇建筑群体的主要构成部分。这些传统建筑在过去大部分具有集商住为一体的综合功能,前店后宅或下店上宅,挨家挨户共墙搭擦。建筑一进纵深三五重。为配合商业空间的需要及增加室内光线,多建有"天斗",屋面有亮瓦,卧室则配以"亮斗"采光。在保存较好的建筑中,还可见明清风格的家具及雕花门窗。

一、南街 18 号

南街 18 号位于南街中段,南街次后于民主街、建设街和胜利街发展起来,其上的建筑基本上都是后来新建的,但 18 号是一栋保存下来的天井老宅。由于 3 条主街上现存的天井建筑数量不多,保存较完整的就更少,所以笔者在调研过程中也对这栋建筑进行了测绘,以充实天井建筑这一部分的研究内容。新店现存的天井建筑多是对称布局,一般天井居中,四周布置房间。南街 18 号的布局也大多如此,建筑围绕天井对称布局,天井非常窄小,尺寸约为 1.3 米×1.75 米,其下为青石板铺地。天井空间上圆下方,似有"天圆地方"之意。整个住宅为两层砖木结构,空间贯通,视线通透,依靠天井组织公共部分的采光、通风。

南街 18 号外景

南街 18 号平面图

南街 18 号亮瓦

南街 18 号天井

二、建设街 7 号

建设街 7 号是典型的天斗亮斗式建筑。该类建筑一般设置 1 个天斗和 1~2 个亮斗①。临街建筑多有天斗,并以其为核心组织空间。过去商贾多以宅为店,前堂置铺,后堂住人,中间以天斗空间进行分隔。卧室、厨房、贮藏等房间在四周无窗的情况下,利用"亮斗"或屋面亮瓦采光。以建设街 7 号为例,其过去的店铺空间已转变为前厅,天斗连接前面的居住用房与后面的辅助用房。

---

① 因其形似斗状,兼备采光功能,所以在当地称之为"亮斗"。

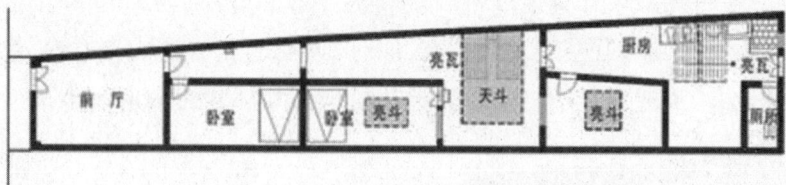

建设街7号平面图

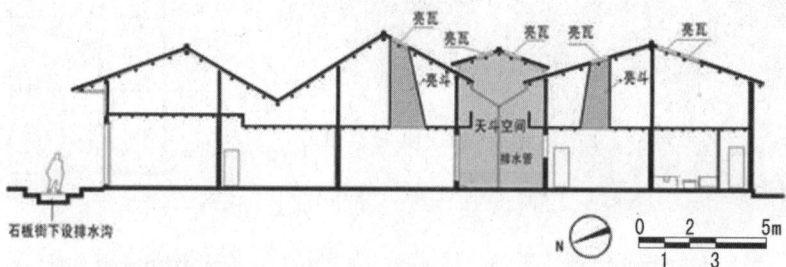

建设街7号剖面图

建设街7号亮斗

建设街7号天斗

三、民主街61号

民主街61号是类天斗[①]式建筑，建筑主要依靠庭院联系公共与私密空间，呈多进布局。类天斗空间中间通高，阁楼四周留有跑马廊，顶部通过设置与屋面同

---

　　① 这是目前在湖北民居中发现的一种较为特殊的天斗空间形式，它与屋面坡度一致，上有亮瓦采光，阁楼四周有类似于跑马廊的走道，具有天斗的功能，为区别于一般的天斗空间，故称其为"类天斗"。

坡度的亮瓦采光,类似于西方的中庭空间。这种设计可能与过去商业空间的用
途和采光要求有关。

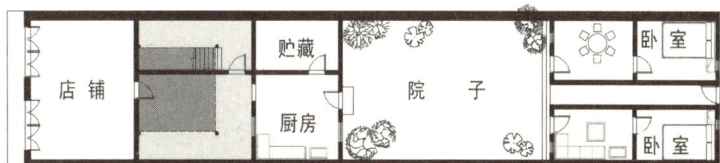

民主街61号平面图

民主街61号剖面图

民主街61号类天斗空间

第八章　因茶而兴——赤壁羊楼洞古镇

"三月春风长嫩芽,村庄少妇解当家。残灯未掩黄粱熟,枕畔呼郎起采茶。"湖北东南地区自古便是茶叶生产基地,更是以赤壁羊楼洞镇为甚。早在乾隆年间(1786—1795 年),山西大茶商就来羊楼洞设庄收茶压砖,每年生产帽盒茶(功夫茶)近 8000 担。道光年间(1821—1850 年),先后有俄、德、日等外商洋行和汉口、镇江、天津及广东商人也闻风来羊楼洞经营茶庄,羊楼洞遂成为省内闻名的茶叶市场。

羊楼洞古镇位于湖北省赤壁市西南 30 公里处,紧临京珠高速公路和京广铁路,属赤壁市赵李桥镇。古镇始建于明万历年间,距今已有 400 多年历史,是著名的"砖茶之乡"。古镇现存古街一条,全长约 400 米。街道两侧保留清代、民国时期的住宅 80 多处。1996 年蒲圻市人民政府将羊楼洞古镇列入第四批市级重点文物保护单位,2002 年湖北省人民政府将其列入省级重点文物保护单位。

第一节　历史沿革

关于"羊楼洞"名称的由来有个美丽的传说:一对青年男女逃婚到松峰山下,他们的白马化做山羊,山羊排泄的粪便变成茶籽,长出漫山茶树。夫妇俩在山下搭起竹楼,楼上住人,楼下养羊。从此人们便将这里称为羊楼洞。

羊楼洞古镇可以说是因茶而起、因茶而盛。整个古镇的形成与演变都与当地茶叶加工、茶叶贸易发展密不可分。羊楼洞的历史大致可分为以下四个发展时期:

一、萌芽期

羊楼洞古镇始建于明万历年间（1573—1619 年），距今 400 多年历史，是中国著名的"砖茶之乡"。明代中叶当地就开始加工"帽盒茶"转运蒙古。清人叶瑞廷《莼蒲随笔》载："闻自康熙年间，有山西估客购茶邑西乡芙蓉山，侗人迎之，代收茶，取行佣。估客初来颇据傲，所买皆老茶，最粗者，踩作茶砖。①"文中的芙蓉山指的是羊楼洞境内的松峰山。从文献记载中可以看出当时茶叶制作多为家庭小作坊的形式，加工规模小。

这个萌芽期从明万历年间（1573—1619 年）到清乾隆年间（1786—1795 年），大约经历了 150 年。这个时期古镇发展主要是依靠自身所具备的自然条件和农业基础，商品经济初步发展，发展相对缓慢。

二、发展期

清代以后晋商指导当地农民种植茶叶，直接在当地开设茶叶作坊和商号进行茶叶贸易。现有最早关于外地商人在羊楼洞设场制茶的记录是：乾隆年间（1786—1795 年）山西茶商"三玉川"和"巨盛川"来羊楼洞设庄收制砖茶，年生产砖茶 40 万公斤。但青砖茶的发展一直比较缓慢。晋商大多还是以买包商的身份出现："每岁西客于羊楼司、羊楼洞买茶。其砖茶用白纸缄封，外粘红纸，有'本号监制，仙山名茶'等语。"②

道光四年（1825 年），大批广东茶商前后涌入羊楼洞采制红茶。到 1840 年，当地红茶号已达 50 多家，年总产达 250 万公斤③。红茶的发展带动整个茶砖业的发展。

发展期从乾隆年间（1786—1795 年）外来资本首次进入羊楼洞到第一次鸦片战争时期，前后大约经历了一百年左右。手工业发展需要大量的劳动力。就业人员由分散的乡村居住向城镇集中。这个时期的羊楼洞处在一个城市化发展

---

① （清）叶瑞廷.莼蒲随笔.卷四.转引自彭南生，定光平.近代市镇成长道路探析——南浔与羊楼洞的对比观照.江汉论坛，2004（2）

② （道光）蒲圻县志.转引自彭南生，定光平.近代市镇成长道路探析——南浔与羊楼洞的对比观照.江汉论坛，2004（2）

③ 李铎兴.湖北茶叶.湖北方志通讯，1985（10）.转引自彭南生，定光平.近代市镇成长道路探析——南浔与羊楼洞的对比观照.江汉论坛，2004（2）

的起步阶段。

三、鼎盛期

1840 年的鸦片战争,英国人用坚船利炮打开中国的国门。1843 年五口通商后,充当洋行买办的粤商纷纷涌入羊楼洞收购红茶,促进了当地红茶生产。到 1850 年,羊楼洞茶号增加到 70 多家,年制红茶达 30 万箱,约 750 万公斤。1861 年汉口开埠后,俄国皇族财阀巴提耶夫先后在羊楼洞开设顺丰(1863 年)、新泰 (1866 年)、阜昌(1874 年)三个制作砖茶的茶庄。随后英、日、德等国商人闻风而来,在这里竞相占地建厂[①]。

光绪年间(1875—1908 年),羊楼洞各种茶场多达 200 家,年产销青茶、红茶、包茶、砖茶等一系列"洞茶"2474.5 万公斤。羊楼洞成了湖北砖茶的集中产地。当时镇上常住人口达 40000 人,有 5 条主要街道,各业店铺数百家[②]。民国时期的羊楼洞制茶、销售依旧保持一个良好的发展状态。

鼎盛期从 1840 年鸦片战争到 1937 年日本侵华战争时期,大约经历了一百年。这个时期也是羊楼洞古镇发展的近代化阶段。此时的羊楼洞已经发展成为一个兼备茶叶加工基地、茶叶贸易集散中心双重职能的商业重镇。

四、停滞期

1937 年爆发日本侵华战争。受到战争影响,市场对茶叶需求量急剧下降,羊楼洞茶叶产量也随之锐减。1938 年日军侵占蒲圻,茶叶产区遭到严重的破坏。羊楼洞茶坊、茶庄相继倒闭,羊楼洞集镇也随之萧条。

停滞期从 1937 年抗日战争爆发到 1953 年,大约经历了 15 年。受战争因素影响,古镇茶叶加工、茶叶贸易发展停滞,街道商业功能逐渐衰败,向生活性街道转变。

五、转型期

解放以后,茶叶贸易逐渐恢复。1953 年,当地政府将羊楼洞茶庄整体搬迁

---

① 王艺.羊楼洞青砖茶.湖北省志资料选辑.转引自彭南生,定光平.近代市镇成长道路探析——南浔与羊楼洞的对比观照.江汉论坛,2004(2)

② 金陵大学农学院农业经济系.湖北羊楼洞老青茶之生产制作及运销.金陵大学农学院农业经济系 1936 年版:10.转引自彭南生,定光平.近代市镇成长道路探析——南浔与羊楼洞的对比观照.江汉论坛,2004(2)

到了交通更为便利的赵李桥镇,改制合并为"湖北省咸宁地区赵李桥茶厂"。随着茶厂的整体搬迁,原有厂房被废弃,或改作他用,古镇的贸易功能也随之消失。1980 年以后,羊楼洞城镇建设发展加快,特别是镇东侧的观音街建成。观音街取代了老街在古镇的主体地位,成为城镇新的发展核心。

转型期从 1953 年茶厂改制搬迁至今,大约经历了 50 年。城镇中心由老街逐渐转移至新街。

第二节　古镇格局

交通成为影响古镇选址的首要因素之一。商品流通需要便利的交通条件,位于鄂东南湘鄂交界处的羊楼洞,自古就是"陆扼潇汀咽喉,水控江夏通衢"之地。明末以来,山西茶商开始在羊楼洞指导农民种植茶叶,并在当地开设茶叶作坊和商号进行茶叶加工和贸易。1843 年上海开埠,羊楼洞所产茶叶可经新店河和长江直接运到上海,大大缩短了运输时间和费用。因此各国商人纷纷涌入羊楼洞采办茶叶,使羊楼洞发展达到高潮。

古镇三面环山:镇南松峰山海拔 256.6 米;镇西山体与松峰山一脉相连,形似马鞍,故得名马鞍山;镇北北山,山体绵延。三山之间,地势平坦且由北向南略有坡度,为古镇提供了发展的空间。古镇有两条主要水系,松峰港和石人泉港。松峰港起源于松峰山,南北纵贯全镇,与石人泉港在镇南头交汇。两条水系保证了当地居民的生活需要。松峰山下"石人"、"凉荫"、"观音"三条天然泉水水质优良。以其制茶,茶质坚、味醇,享有盛名的"川"字砖茶便由此得名。

羊楼洞镇鸟瞰图

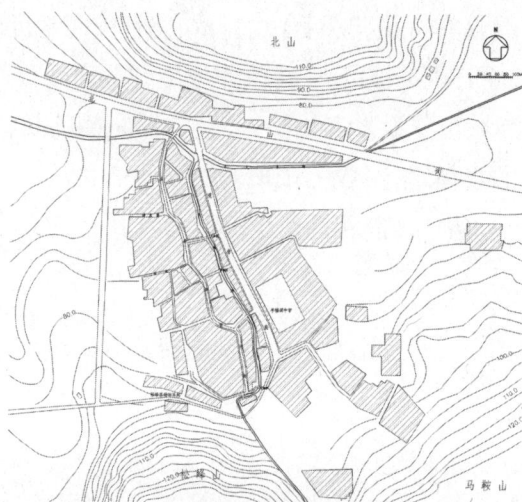

羊楼洞镇总平面图

松峰港

　　羊楼洞的松峰港是古镇形成的原始基准,确定了古镇街区空间走向。街随河走,屋随河建。整个街区呈线型式布局,两条主要街道庙场街和复兴街由南至北首尾相连,与松峰港平行,贯穿整个镇子。各类建筑分布在街道两侧。街道成为居民日常生活的主线和公共活动空间。居民起居、交往、外出等活动都沿街道展开,整个街区的景观沿这条线形呈轴线布置,门户鳞次栉比、檐壁错落有致。

第三节　街巷空间

羊楼洞古镇街道可以分为三种主要类型:主要街道[①]、巷道和古镇外围支路。不同类型的街道空间特点各不相同,同种类型之间也存在差异变化。

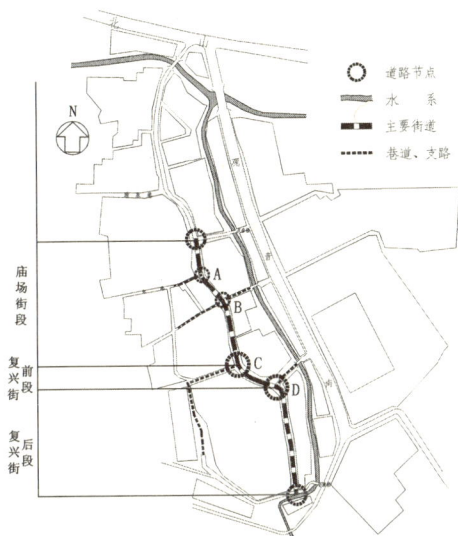

街巷结构图

一、主要街道

依据羊楼洞古镇主要道路的形态特点,可以将其划分为三个部分:庙场街段、复兴街前段和复兴街后段。庙场街段从万春桥西侧庙场街 39 号起,到复兴街北侧丁字路口止,长度为 208 米。复兴街前段从北侧丁字路口起,到南侧复兴街 35 号丁字路口止,长度为 50 米。复兴街后段从复兴街 35 号丁字路口起,到复兴街 74 号止,长度为 98 米。

庙场街段和复兴街前段这两段街道依据松峰港走向呈现曲线形,古镇上的商业店铺大多集中分布在这两段街道上。街道两侧建筑尺度协调、风格统一,错

---

① 主要街道的选取是从传统街区的意义上选取的。因为交通和发展的原因,解放后新建的公共建筑设施都围绕镇东新建的观音街布置。整个羊楼洞镇的中心已经从老街转移到新街上来了。

荆楚古镇沧桑

落布置,沿街建筑界面呈现出折线形,形成收放自如的街道空间。行人身处街道中,步移景变,避免了视线的无限延伸,创造出丰富的视觉和空间感受,增强了行走过程中的趣味性,同时亦增加了交往行为产生的可能。复兴街前段是整个古镇的转折处,在这里,整个古镇向西有一个偏转,这段道路两端各有一个丁字路口。

这两段街道路面为青石板铺设,宽度大致保持在4米左右,两侧建筑立面多是可以开敞的木排门,夜晚关闭,白天卸去门板即为开敞的店铺。连续的出檐和踏步加强了街道纵向延伸感,强化了整个街道的线型动势。

曲线型街道

婉转的空间1

婉转的空间2

节点空间

复兴街街景

巷道空间1

巷道空间2

石板铺装路面

复兴街后段在抗日战争时期部分被日本人烧毁,战事平定后又陆续重建,从而使街上保留有不同时期兴建的建筑物。街道形态因战争影响已经改变,与前两段相差甚远,这段街道不同于前面两段街道的曲折多变,而是直线形。整段道路给人感觉空间开阔,视线通畅。站在街上,远处的松峰山和马鞍山清晰可见,尽收眼底。

二、巷道、支路

巷是居民出入、运送货物的步行小道。巷多与主街相连,通向建筑后面的支路或田野。巷道是狭窄的,一般宽1米~2米左右,最窄处只容一人通过。古镇的主要街道热闹、开放,而小巷弯曲多变、安静、封闭。巷道主要有两种形式:

(一)由两侧封闭的建筑防火山墙夹持形成的巷道

这类巷道只行使交通功用,宽度在2米左右,巷道内空间狭小、两侧封闭的山墙不开窗、不开门,空间封闭感强。

(二)建筑一侧留有生活出入口的巷道

此类巷道宽度受住宅平面布局影响,有转折、收合、过渡的变化,庙场街59号住宅就是一个典型例子:建筑住宅部分对巷道开门,建筑平面在此退后,形成一个相对开敞的空间,便于人和货物的进出。

建在古镇外围的大户人家依靠支路与主要街道连接,形成了其风格不同于主要街道和巷道的支路空间。支路旁的建筑布局较为分散,视野开阔。

幽幽深巷

庙场街59号侧面巷道

第四节 特色建筑

羊楼洞古镇建筑分布大体可以划分成历史建筑分布区、新建筑分布区和老茶场分布区三个部分。街道两侧保留清代、民国时期的住宅80多处。

羊楼洞是因街成市，所以建筑种类与商业贸易紧密相连。店铺、服务建筑（餐馆、茶楼、药店、旅馆等）成为古镇主要建筑类型。而如祠堂、学院、文峰塔等受耕读文化影响，在传统农业型村落中具有重要地位的建筑在羊楼洞都没有出现。古镇南侧原设有将军庙，在"文革"中被拆毁。原集中分布在镇西南侧松峰山脚下的茶叶加工厂，现也已经毁坏。古镇现存建筑以住宅类为主。具有代表性的单体建筑实例有：

一、熊宅

熊宅位于庙场街中段69号，功能上是一个有代表性的前店后宅式住宅。建筑保存较好。据户主介绍，他家由江西丰城迁到羊楼洞居住已有200多年，原来一直经营药铺生意。整个建筑有三进，第一进原为药铺店面，在屋面设置亮瓦采光①，现在仍然保留有以前使用的药铺柜台。一、二进间设有门，以减少商业对后面生活部分的影响。第二进为居住空间，中央为厅堂，在顶部设有天斗。天斗形式为"五脊殿"，檐下设有排水管，有组织地将雨水引到地面，由地下暗沟排出。厅堂北侧是厨房和库房，厨房上部设有亮斗采光，厅堂南侧布置三间卧室。第三进主要布置附属用房：库房，猪圈，厕所等，在北侧有一个小天井。整个建筑三进都建有木质阁楼，平时用以存放货物。建筑东侧为硬山封火墙，临巷开门为生活出入口。临街木排门立面，上大红色的油漆。整栋建筑布局灵活，亮瓦、天斗、亮斗、天井同时存在。

---

① 此处设置的亮瓦在尺度和在建筑空间中所起的作用，都与天斗相似。在空间布局上，此处是建筑第一进经营空间和后面住宅空间的交接处，设置天井和天斗的位置；在功能上扩大了经营面积。因此，可以将它理解为一种简化了的天斗形式。

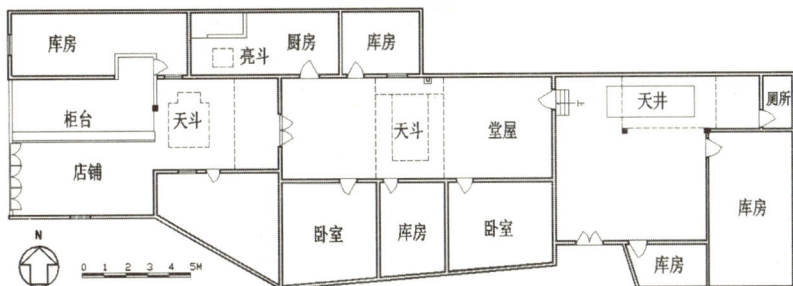

熊宅平面图

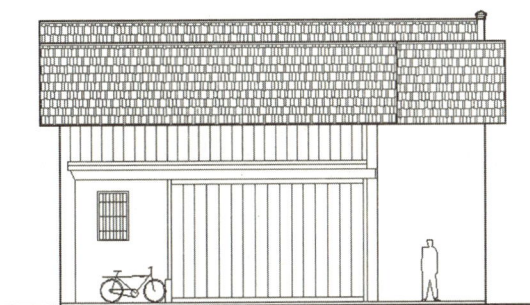

熊宅立面图

熊宅亮瓦

熊宅剖面图

二、邓宅

　　邓宅位于羊楼洞古镇北侧庙场街 122 号，坐北朝南，由一条巷道与主街相连。与其相邻的庙场街 124 号为原民国湖北省政府秘书长邓翔海家旧宅。两宅同时建造，为邓氏两兄弟所有。2002 年 124 号住宅部分倒塌，现已无人居住。122 号基本保存原有建筑风貌。住宅为两进天井式建筑。两个天井均为青石板铺地。天井间为厅堂，皆做成双向敞口形式，天井两侧布置卧室。第二进天井后堂屋悬挂匾额，是家族聚会接待客人之用。堂屋两侧为厨房和库房。建筑门楼三开间，两层。明间宽 4.5 米，砖实墙。整个住宅空间相对通透，各进之间空间没有隔断，保持一条完整的视线通廊。

邓宅立面

邓宅内部天井

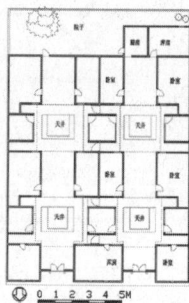
邓宅平面图

三、茶砖作坊

茶砖作坊位于观音街 65 号，是古镇现存体量最大的传统住宅。据当地人介绍，原来整个住宅有纵向三进，每进又横向并置三个天井，修建时是用做家庭式的茶叶作坊。随着岁月流逝，现在建筑只保留下第一进。不过我们依然可以从

茶砖作坊鸟瞰图

规整、气派的主天井

简陋、狭小的次天井

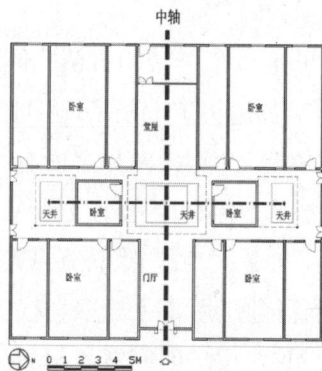
茶砖作坊平面图

茶砖作坊剖面图

中感受到其布局的传统性。住宅围绕中轴线东西对称布局。大门居中,穿越大门,通过开敞的门厅进入到主天井。天井为青石板铺底。天井后面为敞口的厅堂,厅堂一侧开门,可通向后面。天井两侧对称布置卧室。而左右对称布置于主天井两侧的次天井,相对主天井就显得短小、简陋许多。主天井面积有 21 平方米。而次天井面积只有 15 平方米,铺装也简单了许多,可以明显地区分出主次。

四、明泰店铺

原是老字号"方明泰",主要经营杂货,位于庙场街 95 号。该住宅现已无人居住。不同于其他住宅主立面面向主街,庙场街 95 号住宅主立面则背街面河。建筑临街部分已经被改建,现在已无法考证。

该住宅为屋宇式大门,其大门间凹进 1.25 米,左右墙呈八字状,两侧八字墙直接相交,左侧的斜墙上开设石库门式门洞。为了视觉的平衡,同时在右侧斜墙上设有装饰性门框,八字墙上则设有字碑,透出些许文儒之气。

明泰店铺住宅立面图

五、镇公所

镇公所现位于羊楼洞庙场街 55 号,建于清末。该建筑原为羊楼洞镇镇公所旧址,现仅存第一进地面建筑,二、三进已经损毁,但柱基和天井的铺装仍然保留完好。房屋共有三个大小、形式各不相同的天井,不完全对称布置,铺装也各有特点。第一、第二天井间保留有石质柱子基座,可推测曾建有开敞的厅房。

镇公所入口大门

保留下来的天井铺装和柱基

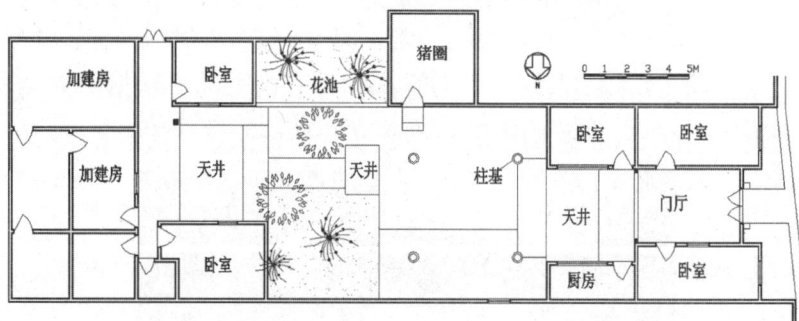

镇公所平面图

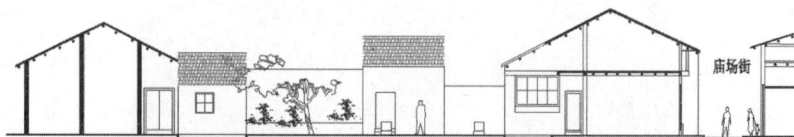

镇公所剖面图

镇公所木雕花窗

　　建筑门房有三间,整个门房相对两侧建筑退后1.2米,门房中间的明间又比两侧房间再退后0.9米。入口在相对封闭的街道空间中形成一个相对开敞的空间。出檐方式也较特殊,檐口出挑达到1.3米,直接延伸到道路上。出檐采用两个梁头出挑的硬挑方式,瓜柱落在梁头上的平板上。

　　建筑内部装饰非常精致,至今还保留一个完好的木雕花窗,雕工精细,线条流畅,显示出较高的艺术水准。

第九章　因族而兴——洪湖瞿家湾古镇

　　"洪湖水,浪打浪,洪湖岸边是家乡……"洪湖瞿家湾镇位于湖北省洪湖市与监利县交界处,南临烟波浩淼的洪湖,北濒碧波荡漾的内荆河,东与沙口镇连接,西与监利县柳关相邻,距武汉 160 公里,车程约 3 小时。

　　现今的瞿家湾镇既包括后期建设的新镇区,也包括历经风雨而保存下来的古镇区。古镇区面积约 4.5 公顷,位于瞿家湾镇内荆河南岸。内荆河在此处由东偏北 15°转为正东向蜿蜒而去,形成一个走势较缓的弧形河湾。中国古代城镇选址通常位于水之北,而瞿家湾古镇落址于南岸,是因为南岸在河湾内,此处可避免河流的冲蚀,且河湾内地势平坦,土壤肥沃,三面环水,适于居住和耕种。

第一节　历史沿革

一、打铳湾之始

　　瞿家湾镇至少有 500 年历史,自古属荆州辖域,明初时这里便有人居住。据《瞿家湾志》记载,明弘治九年(1496 年),一个叫瞿文暹的汉子,为逃避官府的追杀,荡一叶扁舟闯入这里,举铳打下第一只野鸭,荒洲才第一次留下拓荒者的足迹。瞿文暹看中这里的富饶,于是弃舟登岸,在此落脚生根。他用打野鸭换来的银钱,筑了瓦房,娶妻生子,繁衍后代。到明朝崇祯年间(1628—1644 年),此地取名为"打铳湾"。到清朝乾隆四十年(1775 年),瞿氏家族逐渐发展到 800 多人,占当地人口八成,遂将"打铳湾"改名为"瞿家湾"。至清初,此地形成了上湾、中湾、下湾三个自然村落①。

二、瞿家湾之盛

随着瞿氏家族繁衍,至清乾隆四十年(1775 年)家族约有 800 人,占当地人口的八成,遂将"打铳湾"改名为"瞿家湾"。1770 年,瞿氏家族内有两人开办商铺,其名为"恒顺"号、"天成"号,并延续了 100 年左右。到 1870 年,又有"隆胜"和"广太元"两家商号开业,分别经营南货兼匹头和百货等。此时瞿家湾初步形成集镇的雏形。

1873 年瞿宏亮开办粮行"双茂号",经营讲究诚信,三年后已具有固定资产五千大洋。在他五个儿子的协助下,至 1920 年代,经营范围迅速扩大,包括百货、匹头、粮食、药材、棉花等。瞿宏亮一家在瞿家湾商业中占营业量的 60% 左右,他的发家带动了瞿家湾商业发展。至 1925 年,瞿家湾有 31 家挂牌商号,还有未挂牌的耕牛交易所、竹篾店、铁铺等。逢赶集之日,有上百人挑鱼贩鲜前往三官殿、曹家嘴、周老嘴等地;街上行人熙熙攘攘,生意吆喝声喧噪一时。此时,瞿家湾成为闻名遐迩的湖北古镇。

三、红色首府之一

1931 年 3 月至 1932 年 9 月,由贺龙、周逸群、段德昌率领的中国工农红军第六军在瞿家湾建立湘鄂西革命根据地,借用当地民宅作为革命办公机构,这是中国革命历史上"工农武装割据"的六大根据地之一。1988 年被列为全国重点文物保护单位,现今还保存有中共湘鄂西省委员会、中共湘鄂西省苏维埃政府等革命旧址群,其中革命遗址 18 处,作为国家级文物建筑的旧址 21 处。

四、博物馆式的保存

随着城镇发展,位于古镇西部的老建筑绝大部分被拆毁,被代之以新式建筑。现今保存较完整的 21 栋文物建筑为清末民初所建,大多集中在古镇东部,范围东西长 400 米,南北宽 100 米。此部分古镇原有肌理保存较好,规则且密致。当地政府为方便保护工作的进行,从 1990 年开始动员古镇老街内居民陆续迁出,将老街作为瞿家湾革命纪念馆,对其进行博物馆式的保存。

---

① 瞿家湾志,1986:23 — 28

第二节　古镇格局

一、一街数巷的空间结构

瞿家湾古镇以一条主街和数条巷道组成,并以主街为主轴呈现出略微弯曲的带状形态。

主街名曰"瞿家湾"老街。现存老街长约 400 米(红旗日报社旧址至司法部旧址),东西走向,与内荆河平行,街河之间约 50 米,路面以大小不整的青石条铺筑。老街中部坐落着瞿家祠堂——宗伯府,这里曾是瞿姓族人聚集议事的场所。

为了方便汲取内荆河河水,同时作为防火的自然隔断,老街每隔 30 米~50 米设有一条巷道,巷道作为古镇次轴,南北走向,与老街垂直。巷道与老街共同构成了鱼骨状的一街数巷古镇结构。

瞿家湾鸟瞰图

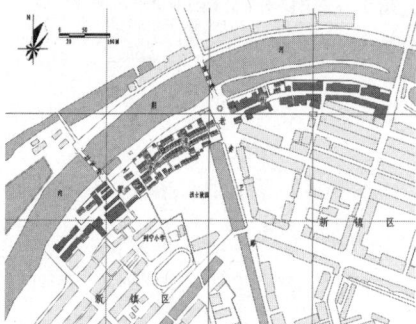

瞿家湾总平面图

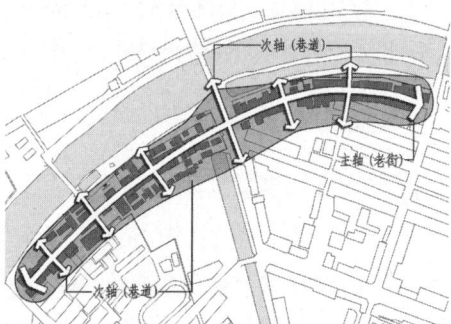

"一街数巷"的空间构图

二、"宅→街→宅→河"的序列关系

街道、支巷、建筑和河流满足人们的各种生活需求。这些不同的需求,对各个要素之间的序列关系同样也起着决定性作用,使它们形成一个序列结构。

街道空间序列结构是以人在街道内部的流线为依据,是并置结构的必要补充。其着重探讨要素之间空间的流线性结构顺序,例如主次、频率等,是建立在差异性和同一性基础之上的研究。以人的活动为切入点分析空间要素的序列结构,有利于得出瞿家湾老街街区街道、支巷、建筑和河流四要素对于观察者而言所产生的逻辑关系。

《瞿氏宗谱》中描绘清乾隆时期瞿家湾的简易图显示,老街早期只有一排临河房屋。据资料记载,老街上的一些建筑临河第一进房屋原为店铺。由此推断这时街道空间序列结构是"宅→街→河",街道类型为"面河式",即店铺和街道面对内荆河。

随着瞿家湾人口增长、商业兴盛,人们又在临河房屋南面增建第二排房屋,南北两排房屋形成了背河街,街道空间序列结构变成了"宅→街→宅→河",街道类型为"背河式",即店铺和街道背对内荆河。

第三节 街巷空间

一、老街结构及特色

瞿家湾老街东西长约 700 米,线性的街道空间沿轴向被划分为"一古二新"的三段。中段从瞿氏宗祠至蓝田桥南岸,这一段以围墙完全封闭,范围东西长约300 米,南北宽约 100 米,作为瞿家湾革命纪念馆。此段街区内的古镇肌理保存比较完整,规则而且密致,是为"一古"。老街东、西两段街区内只有几栋老房屋是国家重点文物保护单位,而街区并未作为整体划入革命纪念馆之内。这两段街区除几栋作为文保单位的老房屋保留下,其他老房屋都已拆旧盖新,这两段街区为"新"段。

荆楚古镇沧桑

　　"一古二新"三段街区之间分布有两个节点：纪念馆大门开于东端，与蓝田桥头的一片开阔地带形成纪念馆入口节点；瞿氏宗祠——宗伯府北面临内荆河的一片开阔地带形成瞿氏宗祠节点。这两个节点与线性街道及"一古二新"三个街区共同构成了"一线·三段·两节点"的街区结构。

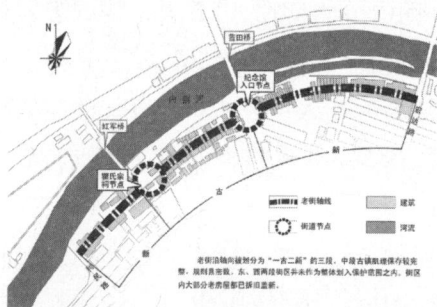

街巷结构图

老街入口

前段街景

弯曲的街道

直线性街道

狭窄的巷道

垂花柱

凤凰灵芝   秋叶卷草   秋叶卷草

墀头装饰

二、"街·巷·宅·河"的并置关系

街道、支巷、建筑和河流四大要素一起构成瞿家湾老街完整的街道空间体系,各个要素之间存在着并置关系。人需要街道、支巷满足交通要求;需要建筑满足居住、商业要求;需要河流满足生活用水和航运要求。这些不同的需求对各个要素之间的并置关系起了决定性作用,使它们形成一个并置结构。针对街区空间要素之间的并置结构的研究,其侧重点在于各个要素之间的位置关系以及总体的构图关系。

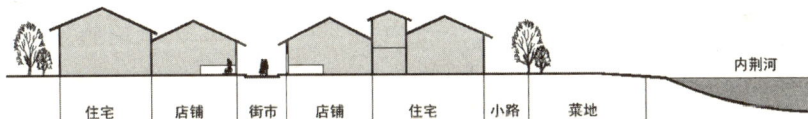

| 住宅 | 店铺 | 街市 | 店铺 | 住宅 | 小路 | 菜地 | 内荆河 |

"街·巷·宅·河"的并置关系图

内荆河控制着街道的形态,使之呈一条舒缓的弧线,河流在街道空间中起到了基准的作用,是这个并置结构的基准轴。街道起到了统领建筑和支巷的作用,是生长轴。支巷作为街道空间的重要元素,沿街道线性轴分布于两侧,各支巷之间以垂直于街道的轴向方式并置。各建筑单元沿平行于街道空间的轴线上并置,这种并置关系沿整个街道空间主轴延续,构成完整的街道界面,从而确立了街道与建筑之间的空间关系。

街道、建筑与河流呈现出平行的并置关系,支巷则与这三个要素相垂直,构成了瞿家湾老街街区空间系统。

第四节　特色建筑

瞿家湾老街,现存老街道长约 400 米,现存清式民居 60 余户,均为白墙玄瓦、高垛翘脊的砖木结构建筑。建筑组合形式有二进一天井、三进一天井、三进二天井等,统一之中富有变化。由于各家各户社会地位与经济实力不尽相同,住宅质量与规模也存在一些差异,建筑形式和细部亦有细微差别,但风格较统一,保留了清末民初时期江汉平原村镇的古朴韵味。现存有代表性的实例为:

一、瞿氏宗祠

宗伯府起初只为一进,始建于清乾隆中叶(约 1760 年),以后历代多次扩建、修建,终于成为现状。据《瞿氏族谱·祠堂志》记载:"我族祠宇之创造,约当乾隆中叶,祠只一重,可由朝门直达寝殿。道光年间大水,有浮尸撞入院墙,族众目击心伤。经户道传忠公移建街头,将原祠改作拜殿,添修正殿并朝门为三重。"

宗伯府最主要的功能是存放和祭祀祖先神位,同时还是举行重要礼仪活动(婚丧)、议事、社交(迎安宾客)的场所。为满足这些功能,宗伯府修建得高大气派,是瞿家湾形制最高的建筑。

1931 年 6 月至 1932 年 9 月二次国内革命时期,由贺龙等人率领的中国工农红军第六军在瞿家湾建立湘鄂西革命根据地,借用当地民宅作为革命办公机构,湘鄂西省苏维埃政府、联县政府、新六军军部驻于宗伯府。1983 年秋至 1984 年秋,当地文化主管部门对该建筑进行保护性维修,复原了拜殿、正殿及左右礼宾厢房楼,同时复原当年革命机构的室内陈设,并在拜殿内布置瞿家湾革命历史遗迹陈列室。

宗伯府坐落于瞿家湾老街西段南侧,坐南朝北。现存建筑为三进二天井,严谨的平面中轴对称布局,穿斗抬梁式砖木结构,由牌楼、朝门、拜殿、两个天井及四个厢房组成,通面阔 16.2 米,通进深 30 米,建筑面积 500 平方米,落地柱 108根。由于进深较大,为便于采光,建筑屋顶设置了多处亮瓦,通过亮瓦进行采光。

宗伯府外景

拜殿内看天井

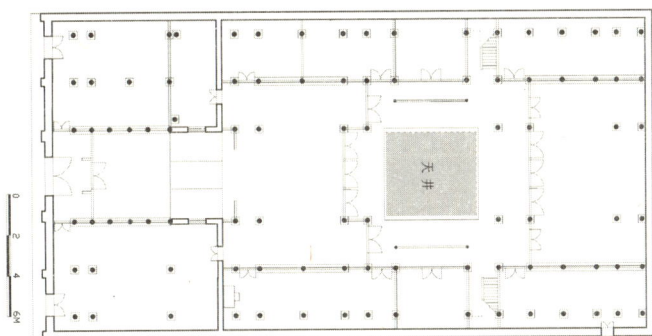

宗伯府平面图

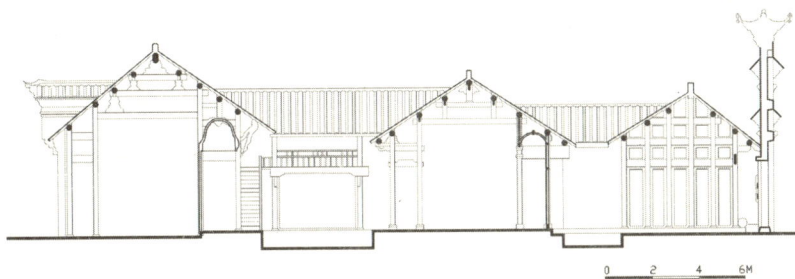

宗伯府剖面图

(一)牌楼

　　祠堂的正立面为一座牌楼,系砖砌仿木结构,六柱五间五楼,作为朝门的前檐墙与朝门贴面而建。立面内外粉刷,外立面堆塑双狮、彩绘历史人物故事和花鸟图案。五楼的屋面覆绿色小琉璃瓦,吻兽鳌鱼吞脊,翼角飞檐起翘。整个牌楼威严耸立,显示着瞿氏家族的荣耀显赫。

（二）朝门

第一进为朝门,穿斗式梁架结构,六柱七檩,柱头呈托檩枋。明间柱与柱上下之间用穿枋连接,柱枋之间装木质鼓皮①,与左右两次间隔开。朝门前檐与牌楼连结为一体,明间内凹,形成大门内凹的朝门,装双扇实塌大门,门前置有抱鼓石一对。

（三）拜殿

第二进为拜殿。该殿是祠堂中最早的一进建筑。明间为抬梁式屋架,用五架梁;次间和稍间为穿斗式屋架,用七柱九檩前后廊式。抬梁上的瓜柱立在梁上,并放置束腰圆似斗形的构件围护瓜柱的柱脚。屋顶局部使用亮瓦来调节室内光线。在梁上作有浮雕,雕工精细,刀法流畅,形象逼真。

（四）正殿

第三进为正殿,抬梁、穿斗式相结合的梁架结构,屋顶局部使用亮瓦。明间抬梁式用七柱九檩,前后设廊,梁架抬起并用一扁形木块置于梁头,木块正面雕刻二龙戏珠图案。在前檐廊轩枋正面作浮雕人物故事、山水花鸟等图案。

（五）厢房

祠堂共有四个厢房,在拜殿的前后两稍间与朝门和正殿相连接,形成一个两院落的大四合院。拜殿和正殿相连接处的两个厢房为二层阁楼式,面阔一间深二间,前檐上下设廊,廊柱与檐柱之间用月梁连接。下层廊柱与阁楼的出檐部分施花牙子撑拱,正面雕刻有"渔、樵、耕、读"四字及其他花纹图案。

拜殿屋檐下木雕　　　　　　　　木花门

---

① 房屋内的木质隔墙,因其厚度较小敲起来"砰砰"作响如同打鼓,故称之为"鼓皮"。

内廊下装饰"渔樵耕读"

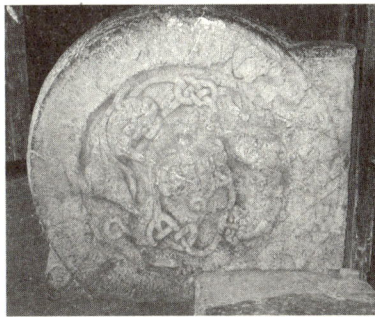

抱鼓石

二、瞿声宝宅

瞿声宝宅是天斗式建筑,房屋建于 1922 年,位于老街北侧西段,坐北朝南,前商后住,原属本地商人瞿声宝住宅兼棺木店铺。1931 年 6 月至 1932 年 9 月二次国内革命时期,中共湘鄂西省委机关驻此。1997 年当地文化主管部门对该建筑进行抢险性维修,复原当年省委机关的室内陈设。

瞿声宝宅外景

瞿声宝宅正屋

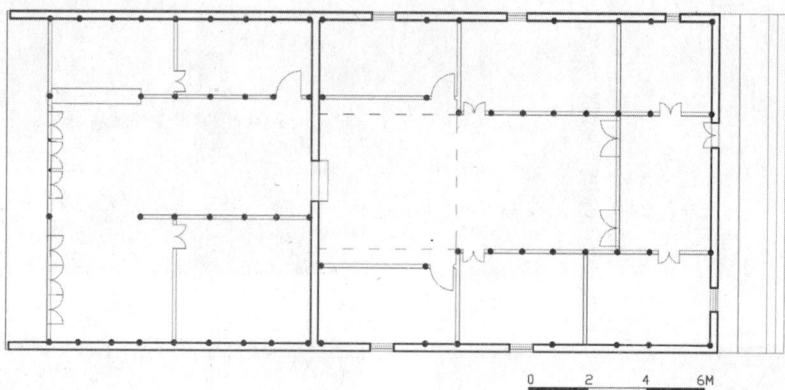

瞿声宝宅平面图

瞿声宝宅剖面图

瞿声宝宅居室

瞿声宝宅柜台

　　现存建筑为穿斗式梁架砖木结构，共有三进屋架，局部两层。通进深24.4米，通面阔11.3米，占地274平方米，建筑面积400平方米。

　　第一进为铺面，敞口门面，进深九柱十檩，共五间。檐下阁楼堂面装有堂面门二合（双门扇）。铺面左右装有柜台半装活动铺板，堂面装有大板门六合，板门左右设抱鼓石一对。前檐柱上装有云纹龙撑拱四根。

第二进为厢房,局部二层,进深五柱五檩。厢房围绕中间的天斗空间布置。二层厢房装有二川格扇门二合,格扇门外通悬臂转角走楼,楼周设车齿护栏。第一、二进间墙开有一门,无门扇,门前后地面上各铺有一方形青石。青石用途有二:预报天气,雨欲来时青石面会出现细小水珠;劈柴,青石硬度比用于铺地的小青砖大得多,居民经常在其上劈柴。

第三进为正屋,进深九柱九檩。檐下照面开有小窗。正屋左右房前紧靠厢房各装有五抹头满天星格门各一扇。正屋装有退堂鼓皮及进门二合,左右房间前后装有门板四合。正屋紧靠亮瓦天井,室内采光效果较好。

三、春义行

春义行始建于 1928 年,坐落于瞿家湾老街东段北侧,坐北朝南,原是瞿家湾商人瞿宏伉的住宅兼店铺,现作历史文物展示厅。二次革命时期,湘鄂西省工农日报社、总工会、少共省委、妇女生活改善委员会等群团机关曾设于此。当地文化主管部门分别于 1994 年、1997 年对该建筑进行了两次维修;2003 年又进行了抢险性维修,翻修屋顶瓦面,复原 4 处当年群团办事机构及工农日报社主编谢觉哉卧室兼编辑室的室内陈设。

春义行外景

春义行大门

荆楚古镇沧桑 ————————————————————

　　房屋为天斗式建筑,原为三进,其中第三进原作铺面,现已无存。现存建筑为二进一天井一天斗,通进深 21.3 米,通面阔 7 米,占地面积为 149.1 平方米,建筑面积为 166 平方米,穿斗式梁架砖木结构,中西结合、高低错落的建筑样式别具一格。建筑外立面为砖砌西式墙面,大门门框为条石制。店铺北端靠近天井处局部二层,楼上有一天斗,左右各有一厢房围绕天斗布置。

　　与瞿声宝宅相比,春义行的天斗与铺面结合较紧密,天斗之下为商业面积,可见此房屋建造之初,屋主更注重建筑的商业功能。

第十章　因渡而兴——监利周老嘴镇

在美丽的洪湖岸边,有一"五龙捧圣"之地,旧时有小荆河、西荆河、内荆河、龙潭河、胭脂河五条古河从南到北,由西向东在这里汇流入洪湖。来往的商贾、猎户等均在此渡河奔向四面八方,于是该处成为一个古渡口,也是后世所称"古华容道"的必经之地,这便是监利周老嘴镇。

周老嘴镇位于监利县北部、洪湖西岸,东距武汉约180公里,南距监利县城约30公里,距今约有1200年的历史,曾先后为容城国、成都王国、华容县、监利县的治所。周老嘴之名称,据说是因旧时其南面的西荆河迂回东流,使该地形状似嘴,最早有一位姓周的老翁在此摆渡,故称周老嘴(旧时亦称周家渡)。

第二次国内革命战争时期,周老嘴曾是湘鄂西革命根据地的中心,现保存42处革命旧址及8处革命遗址。1988年1月13日,国务院公布湘鄂西革命根据地周老嘴旧址群为全国第三批重点文物保护单位。

第一节　历史沿革

一、商贸集镇

周老嘴历史悠久。据当地居民周、李、杨三姓族谱载,他们的祖先在西周宣王时就居住此地。

周老嘴镇真正繁华是到了明清时候。现在保留的周老嘴古镇老街始建于明朝,至今已有400多年的历史。清朝初年,当时水路直通长江,人们可坐船直达汉口、沙市,南北商贾云集,周老嘴镇老街一时繁荣昌盛,形成现在延绵约1000

米的古镇老街。老街宽不过3米～4米,宛如旧时印象里的江南胡同,一条缀满苍苔的青石板路曲折伸展,两旁林立的店铺一家挨着一家,屋面施盖小青瓦,山墙装饰各式墀头,别具特色。随意走进一家商铺,商铺后面便是居家的房间,现在仍旧住满了普通的人家。走过宽敞明亮的天井,厢房都是用木格扇板相间隔,门窗上装饰着各式精美雕刻,呈现出典型的江汉平原古朴典雅的民居风格。手工作坊集中在街上。"家户皆有手摇纺纱车,多数户有织布机,'男耕女织,机杼纺织之声,比户皆闻。'"①清嘉庆年间(1796—1820年),民间自发筹款修建了老正街石板街道。清初,南北商贾多涉此地,周老嘴逐渐发展成为一个小集镇。

二、红色首府

周老嘴属洪湖边缘地带,河湖港汊密布,水路可进洪湖、入长江;陆路可达武汉和荆州。四周水域天险,区位特殊,能守能攻亦能退。地处江汉平原,气候湿润,雨量充沛,为"鱼米之乡"。得天独厚的交通区位,地利形胜的天然屏障,以及丰富的物产,使周老嘴在第二次国内革命战争时期,成为湘鄂西革命根据地的红色首府(1931年7月由洪湖瞿家湾迁于此,驻留时间约14个月),以及湘鄂西地区政治、军事、经济的中心。当时根据地的领导机关大都设在老正街上。政府开办了红色商店、模范合作社等公有制的贸易机构,组织对外地商人的大宗贸易。把苏区粮棉运到外地换取食盐、药材和军火等物品。除个体手工业外,枪械修造所、被服厂等军事工业,印刷等机器工业也在周老嘴兴办起来。周老嘴一时兴盛,成为新型的贸易集散地。

三、老街新区

1980年代为保护古镇老街,在其北侧另辟新区。平行于老街兴建有德昌路与贺龙大道,后随之兴建隆兴路,依附老街古镇向北发展,形成具有商贸、企业、机关、居住功能的新街区。与新区的繁荣相比,老街则显得颇为安静,人们以居住为主,只有少量的小卖铺、茶馆之类的生活休闲设施。

在老街外另辟新区,不失为一种整体保存老街的保护模式,但商业设施的迁出,使老街生活变得"安静",多少失去了老街原有的活力。

---

① 监利县志编纂委员会办公室.监利县志.湖北人民出版社,1994:236

第二节　古镇格局

一、"五水环绕"的地理形态

据当地周氏、李氏、杨氏三姓族谱载，旧时有小荆河、西荆河、内荆河、龙潭河、胭脂河五条古河从南到北，由西向东在这里汇流入洪湖，历来有"五龙捧圣"之美称。这里地势较高，人们于是依河而居，逐渐形成自然聚落。

周老嘴地处江汉平原，境内湖泊众多，河网密布，水资源十分丰富，且地势较高，易于防洪。古镇面水可以接纳夏季南来的凉风，争取良好的日照条件，并可方便地取得生活、生产的用水；有利于形成良好的生态环境和局部小气候；在战乱的年代还是难攻易守的地形。同时也提供了便利的水路交通，方便了周边地区文化、经济、建筑技术等诸方面的交流。总之，这种五水环绕的地形环境，适合封建社会以农业为主的自给自足的经济生产方式。

周老嘴镇鸟瞰图

周老嘴镇模型

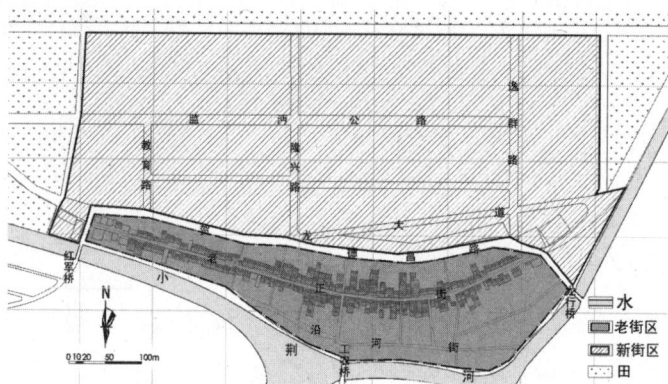

周老嘴镇总平面图

周老嘴选址没有选择在河流的凹入口,而是选择了水流环抱之位。因为这里形成流水的环抱,有稳定感,更重要的是十分符合科学道理。在水流中携带的泥沙会不断地冲击凹岸,而凸岸则会堆积成滩,逐渐扩延。

二、"水·镇·田"的空间形态

监利境内地处江汉平原,河湖港汊,河流与平原影响了城镇的布局,经过一千多年的发展与演变,逐渐形成与自然环境融合为一个和谐的有机体,形成平原地区水镇相依的空间形态。

水作为生命之源,是古镇形成和发展的根本,并确定了古镇的走向。古镇南端为西荆河,旧时平行于河流形成一条主街(老正街)与一条次街(沿河街)并排的格局。1980年代在老街北侧新建贺龙大道与德昌路,平行于古街,将古镇分为新老两个街区。农田是衣食之本,包围在古镇的周围,围合出古镇的外轮廓。整个古镇呈现出"水·镇·田"老街新区二元并存的空间格局。

第三节　街巷空间

一、街道结构特点

古镇的主街自西向东蜿蜒伸展,街上建筑均面向街道排列,街以南并排一条次街,主街有巷道与其相通,形成两街多巷的空间结构。街南侧东、西、中部各有桥连通河对岸,将主街分为上街与下街两部分。最初的巷道不多,只有中部通向码头的工农巷。战争年代由于军事的需要,人们将山墙打开,家家相通。解放后山墙加以修复,形成了今天多巷的格局,即由"十"字街演化为"丰"字街。明清时主街的东西南北各建有一座栅子门,日出而开,日落而闭,形成简单的防御体系。现在以南侧的三座桥为界,街东端向南连龙坊桥,街西端向南连红军桥,街中部的工农巷南通费家桥。

街道平行于河流的走势发展,使更多的建筑能够接近河流。建筑纵向排列密集工整,可减少热辐射强度。巷道垂直于街道,呈南北向布局,取得良好的通风,同时顺应夏季主导风向,引风入巷,给炎热的夏季带来习习凉风。巷道所形成的阴影和气流,可促使街道内微气候的调整。这种丰字形的街道结构,无疑是符合生态科学的。

二、重要节点

(一)主街与次街

主街名为老正街,平行于其南侧的河流,呈东西向布局,全长628米,宽约3米,两侧建筑林立。主街中部的工农巷将主街分为上街、下街两部分,工农巷以西为上街,工农巷以东为下街。在主街的南侧平行并置一条次街,名为沿河街,长约300米,宽约3米。

上街街景1

上街街景2

下街街景

老街的旅社　　　　　　　老街的诊所　　　　　老街的理发店

据《湖北省监利县地名志》记载,"民国初年,……农副产品贸易多集中于沿河街。老正街两沿除居民外,还设有各类杂货店铺以及茶馆、饭店。"可见,当时的主街与次街有着明确的功能划分,通过若干巷道相联系。

(二)巷道

老正街上巷道共 8 条,自西向东依次为英烈巷、复兴巷、康段巷、工农巷、龙家巷①、茅草巷、崔琪巷、建设巷。其中英烈巷、复兴巷、工农巷、建设巷可以贯穿街道,连通南北的交通,巷道平均长约 95 米。位于中部的工农巷为街道的主巷,向南可以到达街南的工农桥,向北可以到达新镇区的德昌路。其余巷道均位于主街的南侧,长度从 46 米到 85 米不等,平均长约 65 米,形成许多丁字形的路口。由于旧时古镇码头位于街的南侧,故主街南侧的巷道较多,方便了人们与码头之间的联系。

(三)栅子门

明清时主街的东西南北各建有一座栅子门,日出而开,日落而闭。1943 年下半年,为抗日需要,街道上的四座栅子门被当地政府所拆,今已不复存在,其形态也无从考证。栅子门位置大致如下:东栅子门、西栅子门分别位于今街东口与街西口,南栅子门位于今工农桥的南端上桥处,北栅子门位于今工农巷与德昌路的相汇处。今天街道内与外界的交往日益增多,逐渐发展成为一个开放的体系,栅子门也失去了其存在的意义。但在旧时其在防御方面起着举足轻重的作用。

栅子门是用木条成排穿枋以栅成门,二更闭栅,五更启栅,为打更匠监护,形

---

① 现在此巷道的入口被砖墙所封。

成"一夫当关,万夫莫开"之势。街道的南侧与西荆河相接,形成天然的保护屏障,北侧住宅后立面开门较少或为不开门的封闭墙壁,家家如此相连,也起到围合作用。于是,街道形成栅子门一关,无处可以进入的围合封闭体,成为最朴实的防御体系。

第四节 特色建筑

主街上有 150 多栋建筑,按照建筑的风格与年代,大致可分为两类:传统风格建筑与 1980 年代以后新建或改建建筑。其中,传统风格建筑约占 90%,多始建于明、清两代和民国初年。在保存下来的 123 栋明清及民国时期的建筑中,单层建筑有 67 栋,一层半(带阁楼)建筑有 44 栋,二层建筑有 12 栋,多分布在主街的中段。在街的东西两端分布有少量二至三层的新建或改建建筑。

主街上多为单开间、双开间及三开间的建筑,很少有多于三开间的建筑。周老嘴建筑经历了从商、从政的历史过程,今天的古镇建筑逐渐成为居住性的建筑。在主街的中段和东段,建筑中分布有天斗和天井。按照建筑的空间形态特征,可将主街建筑分为天斗式建筑与天井式建筑。重要的建筑实例有:

一、周老嘴革命纪念馆

周老嘴革命纪念馆占用房屋始建于清咸丰年间(1851—1861 年),位于监利县周老嘴镇老正街北侧 96 号,是全国第三批重点文物保护单位。

现为三开间三进一天斗一天井式建筑,带一后院。近 20 米长的沿街立面除窗与门外,均以白墙饰面,显得格外醒目。屋檐处每隔一段就有墀头以一弧面与墙体相接,上有彩绘。高高翘起的墀头,似有飞动之感,打破了整个立面的平静。正中为建筑的主入口,其上方为一匾额,书"周老嘴革命纪念馆",上设披檐。建筑第一进门厅陈列着贺龙同志的塑像,东侧为馆长室,保管着周老嘴的革命资料。第二进为纪念馆陈列厅,通过陈列柜与展示墙,向人们展示着战争年代红军在周老嘴留下的革命足迹。上覆天斗,使陈列厅显得空间较高,天斗上的亮瓦则使得空间照度增强。穿过陈列厅的圆门,是一横长方形的天井,两侧的厢房曾是

荆楚古镇沧桑

贺龙与周逸群战斗与工作过的地方,现仍按原貌布置着桌椅与床榻。后一进中设有楼梯通往上面的阁楼,并有后门连接后院空间。为了便于管理,馆长的起居空间就位于纪念馆的西侧,一巷道将两者分开,并有门与之相通。

纪念馆入口外景

纪念馆主厅

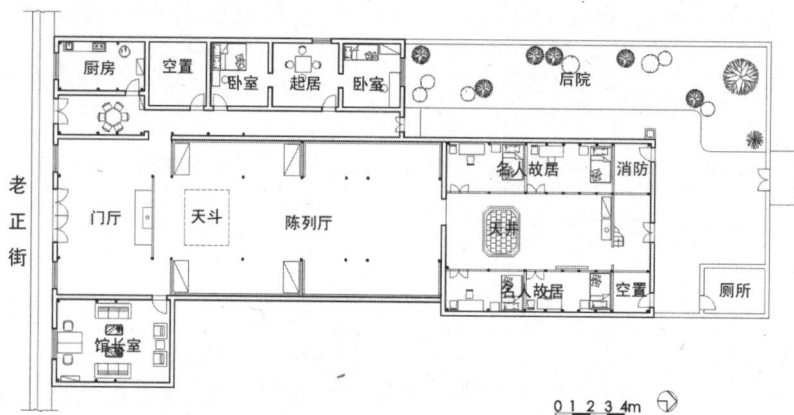
纪念馆平面图

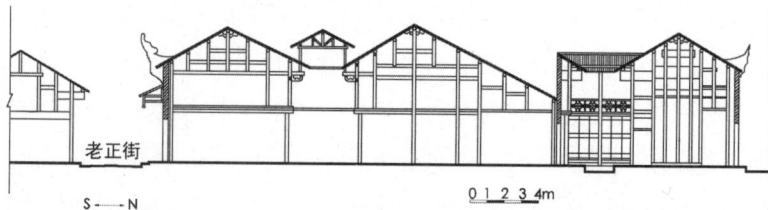
纪念馆剖面图

二、湘鄂西省军事委员会军医部旧址

湘鄂西省军事委员会军医部旧址始建于清末民初,位于监利县周老嘴镇老正街的南侧69号。现为住宅,是全国第三批重点文物保护单位。

现为三开间四进两天斗一天井,保存现状较差。檐面小布瓦部分散失,檐下木构架糟朽缺损,墙体下部酥碱。部分梁架有糟朽脱榫现象;木质隔墙无存,楼板损毁过半,格扇装修大部分损毁。前二进地面凹凸不平,其余几进全为水泥地墁。

军医部旧址入口外景

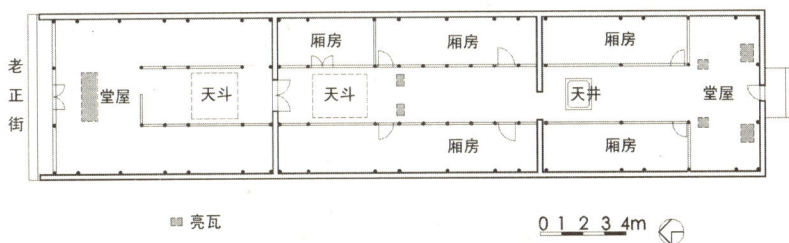

军医部旧址平面图

军医部旧址剖面图

建筑的沿街立面依然保持着明清时店铺的样式,颜色有些褪色的深红色木板门与窗、深远的挑檐、山墙两端翘起的墀头,共同构成了这栋建筑的沿街立面。屋面上分布着亮瓦,解决建筑室内的采光问题。进与进之间设有天斗与天井。凸出屋面的天斗、凹入地面的天井、彼此相连的屋面,形成错落有致的空间形态。每一进的高度不同,沿街的一进最高,越往深处走,建筑越低矮,空间越私密。

三、湘鄂西省委会旧址

湘鄂西省委员会旧址始建于清朝,位于监利县周老嘴镇老正街的南侧 117号。现为住宅,是全国第三批重点文物保护单位。

省委会旧址外景

省委会旧址入口

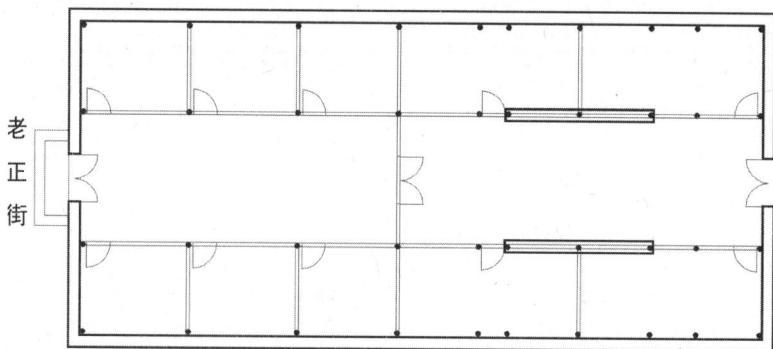

省委会旧址平面图

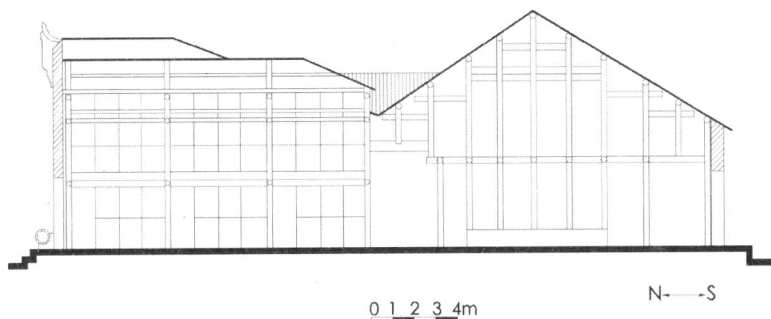

0 1 2 3 4m

N——S

省委会旧址剖面图

现为三开间二进式住宅。木质地墁。后一进青砖地墁在年长日久中,逐年遭损无存。1986 年 6 月至 8 月,监利县博物馆对其进行了维修。保存现状较好。仅楼梯部位糟朽残损。前一进地面现为青砖地墁,后一进地面凹凸不平。

建筑沿街立面为对称式构图,中间为披檐覆盖的建筑入口,两侧为线脚装饰的窗户。石库门式的入口两侧对称布置一对抱鼓石,其上雕刻着栩栩如生的麒麟,象征吉祥如意,显得雍容典雅。室内空间与别处不同,天斗不是沿纵深方向发展,而是沿开间方向呈"人"字形布置,上部封闭,且空间尺度较大,成为室内的主要空间。两侧木构架落地,木柱之间填以木质隔断,称为"鼓皮"。天斗屋面上布置有亮瓦,使室内显得高大明亮。

第十一章　因集而兴——监利程集古镇

明朝永乐年间（1403—1424年），程姓家族有位秀才上京考中了状元，永乐帝朱棣以"永乐"二字为题召其殿试。他进宫面圣时，风度潇洒，泰然自若，向皇上呈上一联"日明月明大明一统，军乐民乐永乐万年。"皇上见他才华横溢，宠爱非比一般。程家集也因此人之才而闻名遐迩，后逐步发展为长江北岸一个较大的集镇。在这里有历史遗存的大量明清时期的建筑，以其浓郁江汉平原特色被专家誉为"最具湖北传统特色的商埠建筑"。

程集镇地处湖北省监利县西陲，位于江陵、监利、石首三地交界之处，距武汉274公里，素有"一声鸡鸣闻三县"之称。古镇紧邻沙市至洪湖省级公路，长江支流程家集河穿镇而过。独特的地理位置和便利的交通条件，加上江汉平原自古就是商贸盛行之处，使得历史上的程集繁荣一时，成为当时有商必争的监西重镇，曾被誉为"小汉口"。

老街现在依旧聚集着豆腐、打铁、饼铺等原有的小作坊，一些老居民仍在经营着简陋的日杂店面。还有古老的雕花宁波床、粮食兑窝等，都给人一种历史的美感。程集老街抵挡着外界的渗透，在古朴被现代气息渐渐消磨的今天，它孤独地静卧在平原深处，尽管"藏在深闺人未识"，却仍在固执地讲述着它未完的故事，带给现代人一份惊讶、好奇甚至感慨。

第一节　历史沿革

早在春秋战国时期，楚王就在此修建了豪华的离宫——荆台。为建立小集镇奠定了基础。

程集镇始建于南宋嘉定年间（1208—1224年），距今800余年。历史上的程集镇，最初是临江的小村，后来因为长江自然改道，逐年淤积，小村耕作面积也随之扩大，居住人口增多，加上原有河道属长江支流，来往船只穿梭于此地。南宋嘉定年间，有位姓程的富户临河辟建石级码头开设店铺，临河一带始成小街，人称程家集。

程集镇南去不远就是拖船埠，在相当长的一段时间里，江汉平原的交通是以水路为主的，这个地区中部的内河船出长江，都要从拖船埠把船拖过江堤下水。南来北往的各路船只则通过连接拖船埠的老长河在程集集散，这就促使程集日益发达起来了，最兴旺时，当在明、清两朝，因为这段时间，也是江汉平原封建经济的成熟期。因此，现在临街房屋大都建于明清，均为前后多进的砖木结构民宅。历史遗存在这里的大量明清时期的建筑，以其浓郁的江汉平原色彩，被专家誉为"最具湖北传统特色的商埠建筑"。

程集作为历史风貌保存较为完好的湖北古镇之一，在800多年的发展历程中，逐渐形成了独特的地域性特色。

程集古镇的形成、发展和演变受当地自然环境、区位条件以及当时社会经济背景等因素的相互作用，根据这些对程集古镇发展的影响，可以将程集的发展演变历史分为四个阶段：

一、临水辟埠，始成街市

南宋嘉定年间，有一程姓富户临程家集河辟建石级码头开店设铺，形成集市，始称程家集。《中国文物地图集》湖北分册上记载，"程集镇程集老街，始建于南宋嘉定年间，现存为明清建筑"。由此可见，古镇已有700年的历史了。

二、百舫栉比，万货云集

明清时期是中国古代封建城镇发展的又一个高峰期，乡村市镇发展自宋代以来持续兴盛。正是在这种形势下，程集凭借本身所具备的便利交通条件和地理区位优势，逐步走向商业上的繁荣兴盛。

明代永乐年间（1402—1424年），程集达到其历史上的鼎盛时期，成为江北的较大的一个区域性商品集散中心，形成了两条街相交呈三岔型的布局，街道总长约 1 公里、宽 3 米,用五列青石铺成。沿街店铺竞列,异常繁荣。清代程集基本延续明代贸易兴盛之势,一直到民国时期。

三、盛衰变迁,市肆寂寥

建国后,监利县大兴水利,对航道进行疏通改造,裁弯取直。到 1985 年,共缩短废弃旧航道 623.6 公里,其中就包括程家集河一段。古老的河道被分段截取,或改为灌溉渠道,或填埋为土地。程集在古航道废弃后便失去了原有的商业地位,开始逐步走向经济转型。

第二节　古镇格局

一、从"一河两街"到"两线三片"的空间格局

1987 年前,程集古镇是由今天的中兴街、程集老街和三岔街组成,程家集河穿镇而过,将古镇一分为二,中兴街与程集老街原本是一条街,位于河北岸;三岔街在南岸。全镇形成了"一河两街"的空间格局。1987 年后,程集镇在老街区北侧跨中心河建设新街区。自此,由中心河将全镇分成新老街区,其中老街区又被程家集河隔为两块,呈现出"两线三片"的空间格局。

程集镇鸟瞰图

程集镇总平面图

二、"地锁三县"的地理区位

程集古镇地锁三县,区位优势十分明显。由古镇 1 小时车程向西可分别到江陵县与石首市、向东可至监利县城,沿沔监省级公路 3 小时可达仙桃市。

三、"金带环抱、龙水相连"的水路条件

江汉平原河渠纵横、水陆相连,使得程集古镇坐拥得天独厚的水路条件。程家集河穿镇而过,向东不远注内荆河,经新滩口入长江,可至汉口;向西4公里出拖茅埠,便是长江故道,可进川黔腹地,商品可以经水道方便地与外省流通。所以,程集近有程家集河"金带环抱",远有长江"龙水相连",在明清时期农业商品经济蓬勃发展的背景下,良好的水路条件给程集带来了兴盛的契机。

第三节　街巷空间

古镇的街巷主次分明,呈典型的"鱼骨"型的街巷结构。这种结构是由其主干——主街、分支——支巷和连接主干与分支的节点构成的。

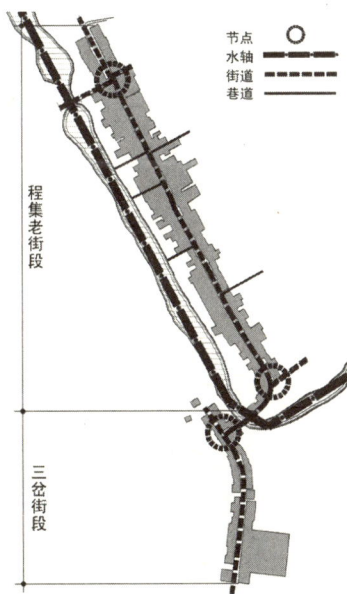

街巷结构图

一、主街

古镇过去的主街由中兴街、程集老街和三岔街组成,中兴街现已处于新街区

的内部,老街区中的主街仅剩程集老街和三岔街。对于程集这样沿河发展的带状形态古镇,主街对于古镇的意义往往比其他形态的古镇要大:作为古镇街巷体系的结构主干,主街南北贯穿,联系全镇各处;作为商业集市的主要商业街道,主街是绝大部分商业活动的载体;作为古镇的主要社会活动空间,主街代表了古镇的主体形象,在人们的意识当中,主街就是古镇的标志。

中兴街是老街区中最北端的一段主街,长约86米,宽度在3米左右。在新街区建成以前,中兴街和程集老街原本是一条街,新街建成后将老街截成两段,中兴街被划入新街区内。街上仅存6栋住宅,且老化严重,街道濒临消失。

程集老街长约500米,是老街区中最长的一段主街,也是历史遗存最多的一段。程集老街段平行于河道,街道笔直,几乎没有转折,仅在靠近尾端处才转弯连接魏桥。街道宽约3米～4米,整体宽度变化不大。沿街建筑基本保持了明清

街道鸟瞰图

雨天鸟瞰图

直线型的街巷

程集老街街景

曲线型街巷

三岔街街景

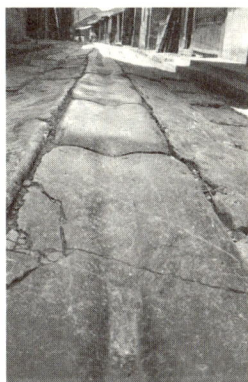
重压下形成的"鲫鱼背"

在古镇广泛使用的独轮车

时期的历史风貌,但由于保存、改建的情况不同,在程集老街上的不同地段,街道的形态、风貌也不同。

三岔街长约300米,街道为反L形,地面已无青石板。街道空间较开阔,宽度达到6米,两边建筑排列并不紧密,且多为翻修和新建的现代民宅,少量未翻修建筑则质量老化、荒废,整体风格杂乱。故此段街道虽历史年代与程集老街相近,但无论从历史遗存的保留现状还是从历史街区面貌的体现上看,都无法与程集老街相比。

二、支巷

支巷作为垂直于主街的交通分支,一方面联系着主街与河道,一方面联系着主街与沿街建筑后的地区。程集街道的支巷主要是由两侧封闭的建筑封火山墙夹成的巷道,两侧封闭的不开窗、不开门。与湖北省内其他古镇的支巷相比,程集街道的支巷尺度较窄,除连接节制阀的程集老街 31 号宅与 33 号宅间支巷有 4.3 米外,其余仅有 1.1 米～1.5 米。如监利县的周老嘴镇老正街的支巷宽度为 1.5 米～2.8 米;红安县七里坪镇街道的支巷宽度为 1 米～2 米,都大于程集。支巷的尺度小,意味着使用上并不频繁,能让人员单独行走通过即可,不承担运输物资货物的职能,在整个街巷体系中居于次要地位。

支巷 1　　　　　　　支巷 2　　　　　　　支巷 3

三、重要节点

程集古镇道路结构系统由主街和支巷构成。街巷的交叉路口正是街巷空间发生交汇、转折、过渡的场所,标志着一种结构单元的转换,故而起到了节点的作用。

(一)北入口节点——十字形

北入口节点位于程集老街北端,作为青石板街的起点,主要功能为交通组织。主街和支巷垂直相交呈十字形,北入口节点南北方向连接程集老街,东西方向支巷连接新街区和程家集河。南北方向上道路流畅、视线通透,东西方向上节点两侧支巷略有错位,故节点略成风车形状。为保证连接新街区和程家集河的交通通畅,此节点的支巷宽度达到了 4 米,是所有街巷中唯一一处支巷宽度大于主街的地方。在节点以南青石板街的起点处设立了一座钢筋混凝土制的牌坊,上书"程集镇文明古街",由省政协主席沈因洛所题。这个牌坊虽是 1990 年代所立,但以牌坊的形式对开放的街道空间进行限定,增强其领域感,强调不同空间层次的内向性,确立了老街区的形象标志,手法上是成功的。

北入口节点平面图

北入口节点鸟瞰图

（二）程集老街转弯节点——"Y"字形

程集老街转弯节点位于程集老街南端接近魏桥的转弯处,程集老街与通向程集后的道路在此节点交汇呈"Y"字形。程集老街西侧的沿街建筑在这里顺应街道的弯曲,保证其木排门的正立面始终临街,体现了商业街道中店铺争取最佳临街面的特点。处于"Y"字形分叉处的程集老街140号宅曾作为镇手工业联社文化室使用。

（三）三岔街节点——"T"字形

三岔街节点位于三岔街与魏桥交汇处,呈"T"字形,是三岔街经魏桥通往程集老街和新街区的交通要道。街道上的青石板经过魏桥后铺砌到此节点截至。节点东南角的三岔街10号宅依旧经营杂货铺,成为街道居民生活不可缺少的设施。

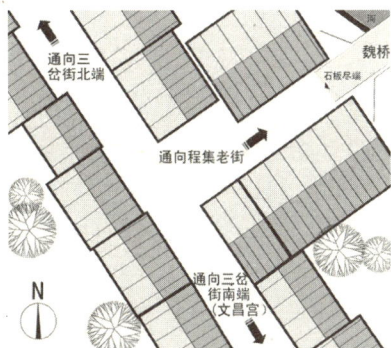

三岔街节点平面图

三岔街节点街景

第四节　特色建筑

程集镇老街区的建筑始建于明清时期,老街区目前现存有沿街建筑 170 余栋,层数在一至三层之间。粗略统计,约 110 余栋的建成时间在 80—300 年前。区内共有单幢类建筑约 49 栋,占历史建筑总数的 36.1%。院落式共有约 81 栋,占总数的 59.5%。历经 800 余年的历史积淀,这些建筑受当地的气候条件、自然环境、历史背景、文化内涵、生活习惯和宗族理法等诸多因素影响,呈现出地域性的特色。代表性的实例主要有:

一、程集老街 35 号陈宅

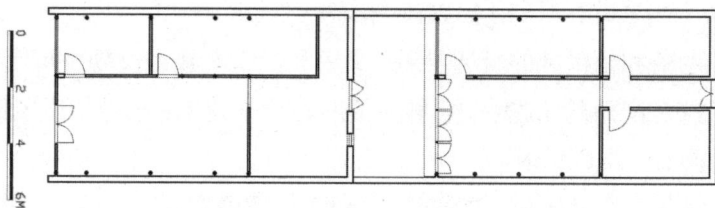

程集陈宅现位于程集老街北段 35 号,始建于清代。建筑第一层系砖木结构,第二层为储物的阁楼,开间总长 6.2 米,进深总长 24.5 米。原为临街店铺,后改为住宅。

老街 35 号陈宅外景　　　　　　　老街 35 号陈宅平面图

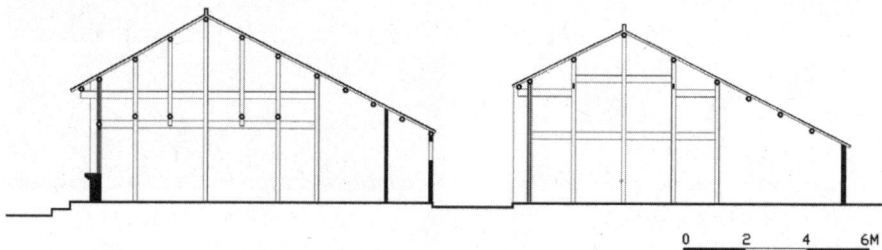

老街 35 号陈宅剖面图

平面为两开间院落,有两进屋架,均为双坡硬山屋顶,屋面为青色冷摊瓦,中间插有透明的亮瓦以供采光。两屋架间原有一天井,后天井因年久失修损毁,改为内庭院。临街第一进房屋原为店铺,厢房与堂屋连通为一体,后主人用木板将厢房重新隔出作为卧室,堂屋作为起居室兼餐厅;两边靠山墙处为穿斗式构架,中间为穿斗抬梁混合式构架;堂屋内靠内院侧隔出一倒房,俗称"拔巷",用作厨房;内院经改造后设有上下水道,两侧无厢房。第二进房屋的堂屋作为起居室和卧室,厢房作为卧室和储藏间,堂屋有一条过道通向屋后的菜园。

因曾具有商业功能,建筑临街面以木排门构成,分为上下两部分。上半部分设置有滑动的木门,打开即可让上层阁楼通风采光;下半部分木排门打开后即为大门和临街柜台。建筑的围护结构除临街面外,均为青砖砌筑,砖墙采用空斗作法,内灌有泥浆、碎瓦。屋面材料为青灰色的冷摊瓦。

二、程集老街 46 号程宅

程集老街 46 号程宅位于老街北段,建于清代。建筑为第一层砖木结构,穿斗抬梁混合式木构架,硬山屋顶,开间总长 5.3 米,进深总长 17.8 米,原为临街店铺,后改为住宅。

老街 46 号程宅外景

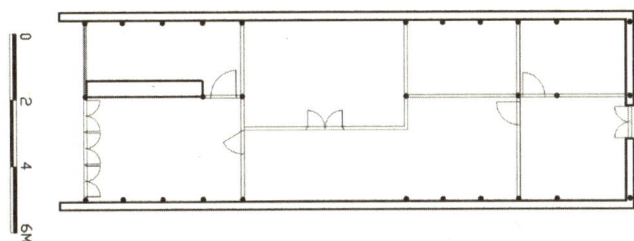

老街 46 号程宅平面图

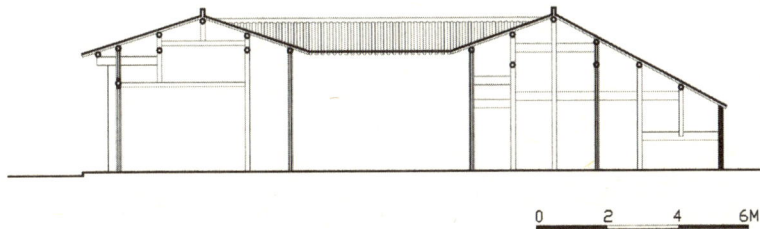

老街 46 号程宅剖面图

平面为两开间的三合院,有二进屋架、一进天井。住宅以天井和亮瓦作为主要采光方式。临街第一进房屋为店铺,厢房与堂屋连通为一体,仅用木质的柜台隔开。两边靠山墙处为穿斗式构架,中间为抬梁式构架。在第一进与第二进房屋之间靠堂屋侧的山墙处设有一天井,天井的面积约 2.5 平方米。天井下方地面上有砖铺砌成的水池(现改造为水泥抹面水池),用来承接雨水,并通过埋于地下的管道排到街道上。天井侧面有厢房,作为主人的卧室。第二进房屋用木板分隔为前后两部分,堂屋前半部分作为主人的餐厅,摆有八仙桌,后半部分用作厨房,厢房目前储藏杂物。屋后有后院,用来堆放杂物、燃料,晾晒衣物。

临街立面为木板拼成的木排门,分上下两部分,中间以横梁隔开,上半部分封闭,下半部分木板可拆下,形成开敞的大门和临街柜台。建筑的围护结构除临街面外,均为青砖砌筑,砖墙采用空斗做法,内灌有泥浆、碎瓦。屋面材料为青灰色的冷摊瓦。

三、程集老街 58 号程宅

程集老街 58 号程宅位于老街中段,为典型的天斗式①建筑,建于明清年间,单层,带有阁楼,砖木结构,穿斗抬梁混合式构架,硬山屋顶。原为临街店铺,解放后改为临街住宅,近十年一直经营茶馆至今。尽管屋内经常客满,十分热闹,但由于年久失修,保存现状较差。

老街 58 号程宅外景

① 天斗在当地也称为 bàodǐng 或 bàotīng。bàodǐng 和 bàotīng 为当地方言读音,未见有专门的代表汉字,当地文物主管部门曾称 bàodǐng 作报顶、抱顶,称 bàotīng 作报厅、抱厅或报亭、抱亭。

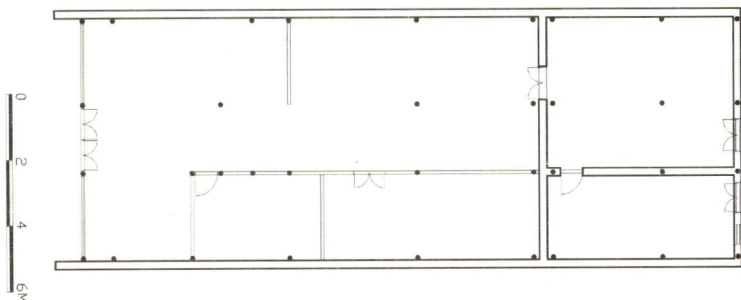

老街58号程宅平面图

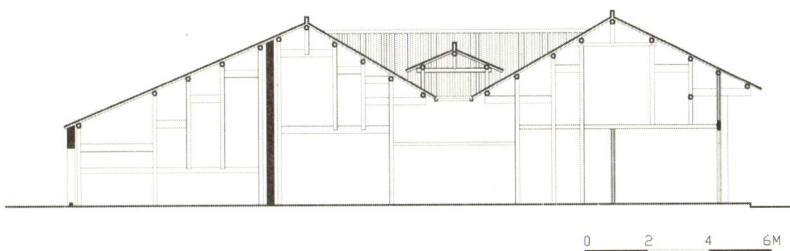

老街58号程宅剖面图

建筑采用四水归堂式的布局,面阔三间,长 7.84 米,进深 21.4 米,二进一天斗。天斗设在位于两屋架之间,原来天井的上方,用来遮挡雨雪直接落入室内,以天井和亮瓦作为主要采光方式。58 号程宅是典型的前店后宅式建筑,第一进房屋为店铺,厢房与堂屋连通为一体,用木质的柜台隔开。第二进房屋为屋主居住生活使用,其中厢房为卧室,堂屋作为起居室。现在经改造后将前后两进房屋的堂屋和左侧的厢房全部摆放茶桌,经营茶室。仅留有右侧的部分厢房作为屋主的卧室。屋后院落作为菜园。临街立面为典型的木排门。

从实例中可以看到,天井下方原本作为半室外空间,增加天斗后,天井下方的承接雨水的地墁取消了,这一部分半室外空间转变成了连续的室内空间,有效地增大了供商业经营的公共空间,充分体现出了建筑形式、建筑构件在商业功能需求的影响下的发展演变结果。

四、程集老街 126 号刘宅

程集老街 126 号刘宅现位于程集老街南端,始建于明清年间。为一层砖木结构,带有阁楼,沿街面长 7.85 米,面阔三间,进深长 23.47 米,三进屋架、二进天井。

刘宅外景

刘宅天井

刘宅天斗

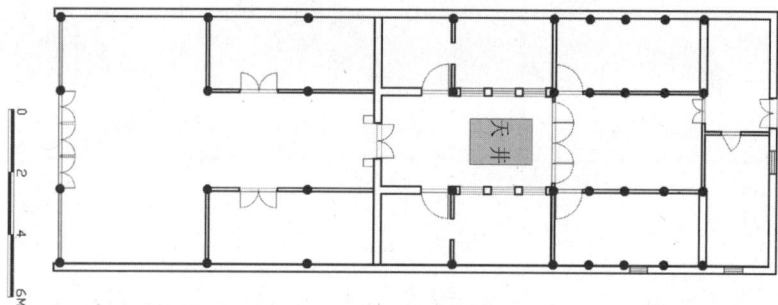
刘宅平面图

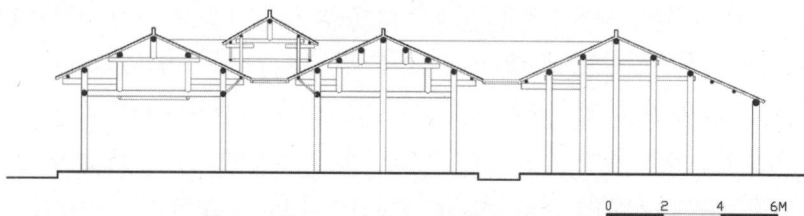
刘宅剖面图

平面采用四水归堂式的布局，因进深较大，故每进屋面上都设有亮瓦行采光。第一进房间为抬梁式构架，最早作为药铺的店面，现存有木质的药柜和柜台；第二进房间为穿斗、抬梁混合式木构架；第一进和第二进屋架间设有一天井，天井正上方有天斗，天井下方有青石和砖砌的铺地用于承接雨水，雨水通过埋于地下的排水沟排到街道上。天井两侧有厢房，作为卧室和储藏室；室内隔断皆为木质，还保存有明清时期的木质药柜，风格古朴、自然。

临街立面为典型的木排门，其余围护结构均为青砖砌筑成的空斗墙。

第十二章　因邑而兴——钟祥石牌古镇

　　"古镇豆香飘万里"，这说的是哪里呢？在湖北众多的有特色的古镇当中，其中有一个便是以它著名的"豆腐经济"而闻名——湖北钟祥石牌古镇。目前，全镇有 3 万多人在外面做豆腐，最远的把豆腐销到了韩国、新加坡、俄罗斯等地。

　　石牌镇位于湖北省钟祥市西南 22 公里，东临汉江，地处江汉平原北部、汉水中游流域半丘陵半平原湖区，地势西南高东北低。关于石牌的由来也有一个传说。原来石牌镇没有名字，只是紧挨着汉江。突然有一天发大水，汉江的河道发生了改变，向北移动了 10 多米，而原来的河道处出现了一块竖立的石牌。江中行船常以此为记停靠，牌坊边渐有茶肆店铺供过往船商食宿歇息。日久，人们将石头牌坊简称石牌，沿袭至今。

　　石牌镇位居全国历史文化名城钟祥市"四大古镇"①之首，历史上依托汉江水路交通优势曾一度贸易繁盛，有"小汉口"之称。现镇区内保留有汉代古城遗址、明清古街巷、民居院落等，虽有破坏，但历史格局和风貌仍清晰可见。

第一节　历史沿革

一、渊源——从军事重镇到县邑治所

　　石牌古属荆州领域，三国时名荆城，蜀将关羽曾屯兵于此，为军事重地。据《三国志·魏志·文聘传》记载："聘攻羽辎重辎于汉津，烧其船于荆城。"后为历代

---

　　① 钟祥市四大古镇为：石牌、丰乐、洋梓、旧口。湖北省钟祥县志编纂委员会.钟祥县志.武汉:湖北人民出版社,1990.61

县邑治所,隋朝时废,名荆台县。

汉代荆城遗址尚存,位于镇西,当为今之石牌镇形成渊源所在。城呈方形,边长1500米,面积2.25平方公里,夯筑城垣宽10米~20米,残高约1.5米,城外有护城河遗迹,现为钟祥市文物保护单位①。

二、兴起——逐水而聚的附城草市

唐宋以来石牌名荆台,地属荆门。在今集街与西街交汇处有创建于唐代的崇果寺(又名凤台寺)遗址,说明在隋朝荆台县废除前后,县城东濒临汉江处已形成聚居点,城门外形成草市。由此可推断:随着农产品交换的扩大,该聚居点逐步发展成为附城草市,并进一步向市镇发展。可以说,因城邑而兴、逐水而居正是今之石牌镇兴起的主要缘由。

三、繁荣——商贾云集的商贸集镇

明嘉靖十年(1531年),石牌改隶钟祥县。它依托汉水便利的交通条件,上通襄樊下抵汉口,逐渐发展成为一个繁华的区域性中心商贸集镇;清乾隆十一年(1746年),钟祥县丞移驻石牌,"水陆舟车,辐辏云集,一带烟火迷离,不下数千户"②;清咸丰(1851—1861年)、同治年间(1862—1874年)开办汉剧科班,被誉为汉剧摇篮之一;民国初年,为钟祥县西南及荆门东一带物资集散地,成为当时以汉口为中心的湖北城镇经济网络中的重要环节。

四、发展——保护老镇区,开发新镇区

改革开放以来,石牌镇以老镇区为中心向外扩展形成新区,1976年在老镇区南侧修建的听江大道成为全镇新的发展主轴,逐渐取代了集街。1990年初,新镇区发展迅速而老镇区则逐渐走向衰败。现在石牌镇区常驻居民1.8万人,新老镇区并存,建成区3平方公里。目前,建设石牌旅游专业镇,保护发展石牌古镇已纳入钟祥市旅游规划。

---

① 国家文物局.中国文物地图集·湖北分册.西安:西安地图出版社,2002.397
② 重修凤台寺前后佛殿碑记.转引自钟祥市《石牌志》编纂委员会.石牌志.钟祥:钟祥县石牌公社管理委员会,1982.190

第二节　古镇格局

一、地理形态

"荆台为四镇之冠,汉水潆洄,方山耸翠……"①石牌镇东面紧邻汉江,镇域内西、南为马良山(即内方山)环绕,其背山面水的自然环境符合我国古代关于聚落选址的风水思想。汉江既可为古镇居民生产生活提供充足的水源,且在石牌段呈外凸状走势,便于形成码头,带来便利的水路交通条件。历史上汉江及其支流王家港(今名幸福河)在石牌段的河道变迁,也对其发展产生了不可忽视的影响:汉江河道逼近镇旁则贸易极盛,河道东移则商务稍衰而得沃土。

如前所述,从汉代古城邑的废弃到石牌镇的兴起,存在一个基址迁移过程,因此汉代古城邑是石牌选址重要的历史影响因素。古镇最初以城外人流量大的公共建筑崇果寺为中心, 在古城邑和汉江双重引力作用下, 自西向东垂直于汉江,形成了独特的"山·邑·镇·江"的线形空间格局。

二、"十街三巷十八门"的防卫型布局

老镇区现有道路骨架基本保持了明清时期格局,有街道 10 条,巷道 3 条。其中以东西向的山街、上正街、集街与南北向的西街形成"十"字形主街,并以此为骨架作渗透式发展,形成各次街。历史上出现了一系列专业性商业街,如专营日杂百货的集街,专营粮食的山街,专营棉、布的衣街和东街(亦称布街),专营木材的杉南街等。主次街道及巷道形成一种指状城乡交错的空间形态。

街与街、街与巷交叉路口呈"T"字形或"Y"字形交叉,道路通而不畅,这与当时军事防卫需要有密切联系。至解放前,在各街巷入口和交汇处都有供安全防卫的关卡——闸门,计有 18 门,到夜间或外敌侵入时关闭各门。有的闸门采用过街楼形式,楼上为守护人临时居所。整个老镇区为明显的防卫型布局,呈强烈的内向封闭性。

---

① 重修凤台寺前后佛殿碑记.转引自钟祥市《石牌志》编纂委员会.石牌志.钟祥:钟祥县石牌公社管理委员会,1982.190

石牌镇鸟瞰图

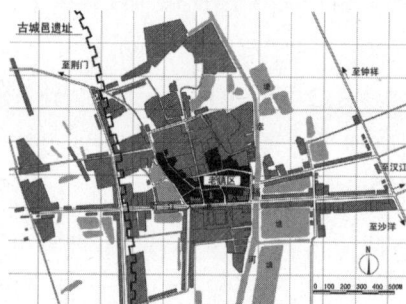

石牌镇总平面图

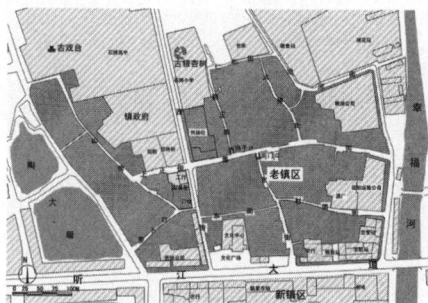

石牌镇老镇区平面图

可以看出,区别于一般滨水城镇平行于河道轴向生长,呈开放的线性空间形态,石牌老镇区的生长轨迹是"点→线→面"的辐射式生长,具有明显的向心性。老镇区形态以"十"字形主街为骨架,东以望山门为头,西以汉江为尾,南北分别以来凤关和北钥门为两翼,被当地居民形象地称之为"凤凰展翅"。

第三节　街巷空间

老镇区由"十"字形主街为主要道路骨架,联结古镇东南西北四个主要对外出入口。由"十"字形主街派生出众多的次街和巷道,将整个老镇区划分为一个个相对独立的街坊。主次街道层次等级分明,形成阡陌交通,纵横交织的网络状街巷空间结构。老镇区的道路结构在空间结构中起着举足轻重的作用,它构成了老镇区的骨架,把各个单独的院落有序的组织起来,也反映出老镇区所特有的空间肌理。

一、主街

老镇区"十"字形主街由东西向的集街、上正街、山街与南北向的北门街、西街组成,纵横构成老镇区主要骨架,联结古镇东南西北四个主要对外出入口:第一关、来凤关、望山门、北钥门,也是旧时石牌古镇主要的过境交通干道。

(一)集街

集者,市也。从其街名就可看出集街是原来古镇最主要的商业街,过去沿街全部是商铺店面。集街也是古镇直接连接汉江的交通干道,旧时经汉江水路运往石牌的物资均首先经过集街东端的"第一关"进入集街,然后再分往古镇各商业街,可以想见集街昔日之繁华。

集街鸟瞰图　　　　集街中段　　　集街转折处街景(正常视点图与鸟瞰图)

1990 年代初,由于古镇居民大量拆旧盖新的热潮,加上原有道路宽度不能满足现代交通需求,集街被局部拓宽。一些住户拆毁了沿街第一进房屋,有的甚至全部拆除老房,后退一定距离盖起了现代楼房。即便如此,仍然有一些地段保持原有老房,街道宽度约 3.5 米~4 米,老街古风犹存。现在的集街长约 450 米,仍然是老镇区内最繁华的商业街道,集中在集街西段开设有旅馆、商店、饭馆、网吧、电话超市等经营性场所。

(二)上正街

上正街位于集街以西,过去也是一条繁华的商业街。我国古代城市布局常将东西向主街称为正街,如汉阳老城内东西向主街称正街,而城门外与之相连通往归元寺的街道也曾是一条繁华的传统商业街,称为西门外正街(即现在的西大街)。对比连接汉阳老城西城门和归元寺的西门外正街,我们不禁要推测,这里的上正街是否也是隋唐时期联系荆台县城东城门和城外崇果寺的通道呢?古荆台县城东城门的位置是否就在上正街延长线与现在的城墙遗址相交处？在此存疑，假以时日，留待进一步的考古发掘来证明。

现在的上正街长约 90 米，北面为镇政府新式楼房的招待所，也有后退，街道宽度约 7 米，街南面部分老房尚存。

（三）山街

山街位于上正街以西，呈向北倾斜之势。过去山街是石牌通往荆门的交通干道，荆门东部一带粮油物资即从山街西北端的"望山门"进入石牌，再经石牌汉江水路运往汉口。民国时期，石牌镇有大小粮行 36 家，其中大部分集中在山街。

山街鸟瞰图

山街街景

现在的山街传统风貌保存比较完整，街长约 300 米，平均宽度 3.5 米。街道功能已由商业街转变为纯居住的生活性道路，对外交通功能也随着听江大道的修建逐渐退化。

（四）西街

西街是贯穿老镇区南北的纵向轴线，过去是南北过境交通干道。经北钥门往北约 500 米，有王家大桥横跨王家港河，是从陆路遥往钟祥县城的必经之路，经来风关往南，过严麻子桥通往沙洋方向。

1990 年代初，西街被裁弯取直，街道拓宽，现在已是水泥铺就的现代城市道路。其中，西街南段因连接新镇区干道听江大道，两侧高楼林立，过往人群熙熙攘攘，川流不息，依然保持着过去繁华的商业街气氛，成为联结老镇区与新镇区的重要纽带；西街北段两侧被镇政府、石牌高中、石牌小学、供销社等机关事业单位所占据，且对外交通功能让位于镇东新修的钟石公路，人流较少，略显冷清。

二、次街

老镇区由"十"字形主街派生出众多呈类似于棋盘状分布的次街,现在基本保持原有肌理的次街计有8条,它们是集街以北的药王街、火神街、仁和街、沿河街,集街以南的东街、衣街、杉南街、萝卜口。其中,集街以南的4条次街过去也是商铺林立,现在都转变为纯粹的生活性支路,街道宽度约3米,原有历史风貌都保存较好。

萝卜口街景

药王街鸟瞰图

衣街街景

东街街景

火神街街景

仁和街街景

三、巷道

老镇区有巷道若干,分连接次街的连通式和直接入户的尽端式两种形式。巷道一般垂直于街道,宽者不过2米,窄的不足1米。巷道一般交通量不大,空间曲折幽深,尤其是尽端式巷道只有一个出入口,这就避开了过境交通,保证了住家生活不受干扰。巷道的另一个作用是一旦着火,可以防止火势从一边蔓延到另一边。

火神街狮子口　　　药王街青石板路　　　　　　山街巷道

四、重要节点——闾门

如前所述,老镇区的闾门原为安全防卫所设,但客观上也对街巷空间塑造起了很大作用。首先,从其位置分布看,均设在道路入口或连接点等人流停顿或交汇处,形成一系列节点空间,加之各门都有独特的命名,极大地增强了空间意象的可识别性,使得人们行走于大街小巷中有着强烈的场所感和归属感。

东街闾门口

其次,这些闾门也起着分隔空间的作用:暗示了街巷空间的开始与结束,隔而不断,增加了街巷空间的层次性;同时,将街道两侧建筑山墙连为一体,保持了街道界面的连续性。圆弧形的门洞类似于中国古典园林中的月洞门,起着框景的作用,透过门洞往里看,曲径幽幽,引人入胜。

现仅存的闾门有东街与集街交汇处的闾门口和火神街与集街交汇处的狮子口。

第四节　特色建筑

　　石牌古镇作为农商结合的传统城镇,在长期的历史发展过程中,积淀了丰富的居住文化内涵,创造了丰富的建筑类型和大量传统民居建筑。古镇现存有明清时期的建筑有 100 余栋,平面形制和类型多样,大量采用了穿斗式与抬梁式组合结构,有着极富美感的立面造型。现以以下几个单体建筑为例:

一、山街陆宅

　　陆宅位于山街 56 号，是平面格局保存较为完好的三开间的前店后宅式住宅。该宅通面阔 9 米,房屋主体五进,通进深 30.6 米。临街为店铺,垂直于街道沿纵深方向依次布置店铺、天井、厅堂、内院、杂物、后院,形成隐形的中轴线,两侧对称布置厢房。有阁楼层,做储藏或临时居住用。

陆宅外观

陆宅亮斗

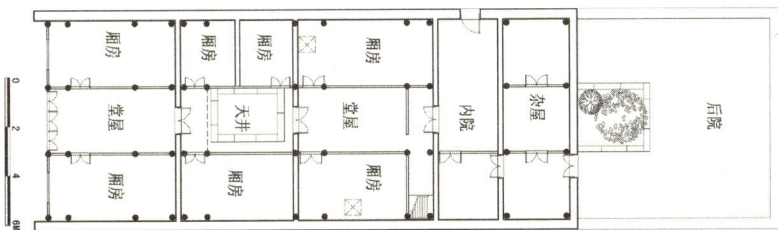

陆宅平面图

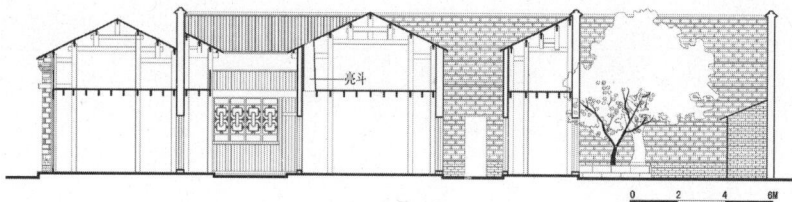

陆宅剖面图

第一进为临街店铺,立面中间满开间为木板门,两侧为木板墙体,开直棂窗做售货窗口。第二进中间为天井,两侧为厢房,过去是卧室(现已分隔为卫生间),以高出屋面的实体砖墙与第一进店铺隔开,仅在墙体中间开门洞,宽约1.2米。第三进中间为堂屋,是全家主要起居空间,中间供有神龛;两侧厢房为主人卧室,设有亮斗采光,其中东侧厢房后部设有楼梯通往二层阁楼。第四进为内院,实际上过去也是天井,现在西侧厢房已毁,在西侧山墙开门可通往户外。最后一进是杂屋,布置有厨房。房屋主体后面是后院,有假山花池,植有桂花和腊梅各一株,后院西北角布置有旱厕。

整座建筑以房屋围成的天井为核心组织空间,高大宽敞,形成有收有放、有明有暗、从公共到私密的空间序列。平面布局规整,以中轴线左右对称,体现出传统的"北屋为尊,两厢次之,倒座为宾,杂物为附"[1]的礼制精神。

二、集街付宅

付宅位于集街46号,三开间,通面阔11.2米。以厅堂、厢房围绕天井布置形成的"回"字形合院空间为主体,与"一"字形厅堂构成两种基本组合单元,沿纵深方向可拼接成规模庞大的院落群体,有三重天井,通进深达51.8米。原为前店后宅,现为多户居住,有住户自隔墙,但主体木构架保存完好。有阁楼,明间为抬梁式,两山中柱落地为穿斗式,柱上承檩并有随檩枋,颇为考究,采用当地典型的"七柱九檩"体系木构架。

---

① 李允鉌.华夏意匠.北京:中国建筑工业出版社,1985:133

付宅内景

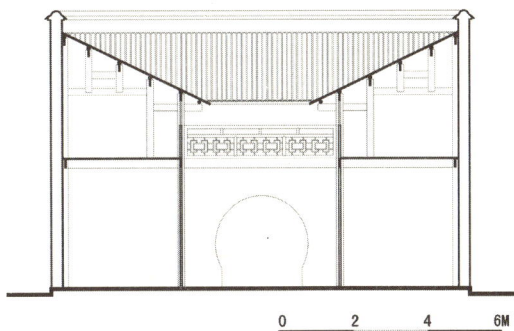

付宅剖面图 1

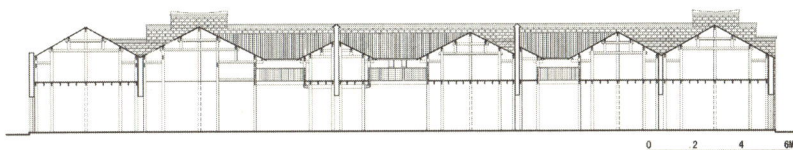

付宅剖面图 2

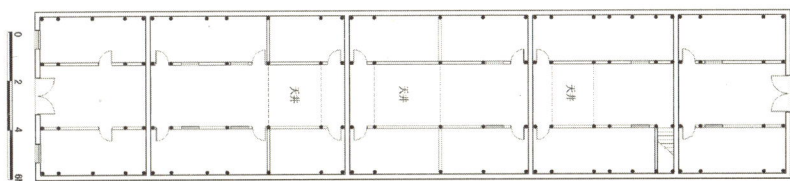

付宅平面图

三、衣街李宅

李宅位于衣街 76 号,原有多重院落,现仅存沿街店铺和一重天井。天井形态及相应构造也颇具地方特色:周围为轻盈通透的木隔扇,平面呈方形或矩形,四角做 45°斜向抹角;阁楼层沿天井周边均外挑 1~2 倍柱径的距离,上下层柱也相应错开而非上下通直,用材下大上小;挑梁头饰以精美木雕,当地称为"斗枋",是结构与装饰功能完美结合的构件。现为钟祥市文物保护单位。

李宅鸟瞰图

荆楚古镇沧桑

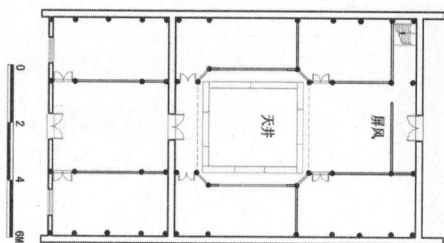

李宅平面图

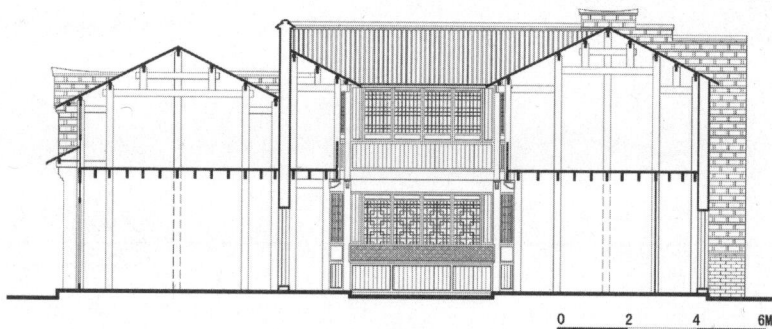

李宅剖面图

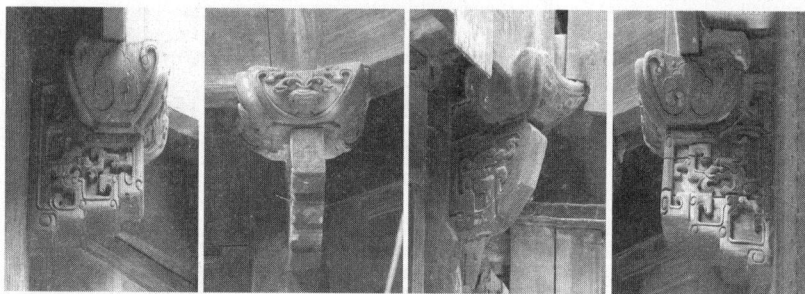

李宅斗枋

四、关帝庙戏楼

关帝庙戏楼为现仅存的公共建筑,现为湖北省文物保护单位。戏楼创建于清康熙五十三年至康熙五十六年(1714—1717年),重修于清乾隆四十二年(1777年),从创建到现在,历时300余年。外地来此演出的有名戏班,仅有文字记载的就有20多个。虽经多次兵乱浩劫,风雨摧残,但整个建筑主体仍完好。戏楼平面呈凸字形,2层,分前台、后室:前台面阔4米,进深31米,单檐歇山灰瓦顶,间杂有黄色琉璃瓦,抬梁式构架。一层原为过道,有楼梯上第二层戏台;后室面阔三间12米,进深59米,单檐歇山灰瓦顶。明间为抬梁式构架,两山为穿斗式构架。一层原为关帝庙山门,二层为后台。过去第二层四周均为镂空栏杆,现已围以实墙。戏楼前台两角竖立石柱,上刻对联一副:

上联:似演麟经善恶收场分衷钱

下联:差怡凤目笙歌振响叶琅傲

关帝庙戏楼外景

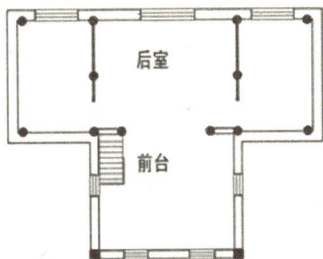
关帝庙戏楼平面图

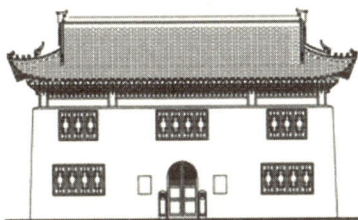
关帝庙戏楼正立面图

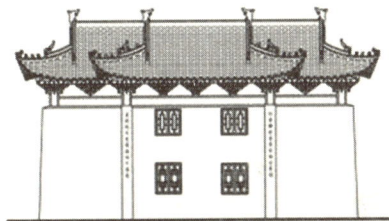
关帝庙戏楼背立面图

在戏楼的进口处,原有3米高的屏墙,屏墙的圆门上书有醒目的"正气凌霄,威震华夏,德配天地,道贯古今"的大字横幅;戏楼门口,有石狮一对,雄踞两侧;戏楼的正面,与关帝庙相对的是一片广阔的场地,可容纳观众千余人;场地两侧围有院墙,现在石牌高中操场还可以清晰地看到关帝庙建筑遗迹。戏楼"人"字形斗拱雕刻玲珑,备极工致,形式独特。东、南、西三面为独立的攒式斗拱,有的起承重作用,承托平棊枋,有的起纯粹的装饰作用,仅建筑外

关帝庙戏楼斗拱

侧有半攒斗拱,而内侧半攒略去。北面斗拱连续通长,也是仅向建筑外侧出挑。

第十三章 因岭而兴——钟祥张集古镇

在国家风景名胜区大洪山西麓深处,钟祥、随州、宜城三市的交汇处,有着一个"历代兵家必争之所和商贾云集之地"的小镇——钟祥市张集镇。张集古镇因"岭"而兴,它是中国政治、军事、经济和古代建筑的凝练和浓缩。

湖北省钟祥市张集镇距钟祥市 42 公里, 距武汉市 260 公里。南有长荆铁路,北有汉水航运和襄荆高速公路,省级寺沙公路横贯东西,两条过境公路钟(祥)随(州)路和张(集)客(店)路相交于此。因其地理位置优越,素有"荆钟北大门"之称。

第一节 历史沿革

据文献记载:张集镇距今有 2700 多年的历史。春秋时期,楚武王伐随,两次屯兵于此。由于大军需要粮草,给地方带来了商机,为古镇奠定了基础。

西汉末年张集古镇又是绿林起义军的重要活动区域。唐代,张集已成为战略要地,唐末名将王彦章汉水一战,兵败后从宜城逃亡大洪山,自刎九花寨二虎山。钟祥至今流传着"五龙二虎逼死王彦章"的故事。

明朝时,张集名店子岭,为随州与本地的过路店子。

明末清初,在此做生意的人逐渐增多,发展成四方交往的集市,因住户姓张的较多,故名张家集①。至此时,古镇逐渐发展至鼎盛。

大革命时期,原红军干部程克绳率部退至张集,整编成立"鄂北游击总队",

① 钟祥县地名领导小组办公室.湖北省钟祥县地名志(上).1982:119

尔后,改编为红九军鄂北独立团,成为中原地区一支使敌人闻风丧胆的劲旅。

解放战争时期,张集镇已成为江汉军区的大后方,当年的江汉军区司令部、江汉日报社、中州制币厂,都设在张集镇,这些遗迹现都列入"革命遗址"被保护。

从历史发展来看,可以把张集发展做以下分期:

一、起源——过路店子

张集镇位于钟祥市东北角边缘山区,是钟祥、随州、宜城三地之"咽喉",也是钟祥到随州的必经之地。据《钟祥县地名志》记载,明朝初年,张集交通便利,过往人流集中。于是在店子岭附近逐渐零星建起三五家过路店子。这些过路店子处在交通要道上,主要功能是为沿途过往旅客、马帮提供休息、饮食,相当于过去驿站的用途。这些过路店子正是古镇最早的原型。在起源阶段,古镇生长的主要特点表现为:整体形态呈点状散落分布,生长点单一,生长力较弱,且发展方向不明确,有较大的发展空间。

二、发展——物资集散之地

关于张集古镇的形成发展,当地有一个民间传说:明末清初时一位姓郭的穷汉,到江西张家祠讨饭时为了哗众取宠,吹嘘说张集姓张的人口繁多,希望能资助他在张集修建张家祠堂。几年后,江西几百张姓族人到张集集会才发现受骗,但见张集自然条件良好和物资丰富,就住下来,自此兴盛成镇。由于张姓较多,正式取名为张集。传说终归无据可考。

这段时期内,由于古镇规模扩大,发展空间不足,曾发生了一次镇址迁移,即从最初的店子岭迁至现在的古镇(又称老街)所在地。整体搬迁后的古镇沿镇南关桥河东西向布局,逐渐成为大洪山地区的物资集散之地。

三、兴盛

随着古镇经济的持续发展,至清乾隆年间(1736—1795年)发展到鼎盛时期。这一时期是古镇的主要建房期,整体格局和大部分住房皆于此时形成,并保存至今。据《钟祥县地名志》记载,古镇商贾云集,热闹非凡。直到解放前,街上各种商铺应有尽有,粮行三家,茶馆十多家,屠户十几家,杂货店十多家,各类小吃餐饮店十几家,关桥河南面有牛马交易市场。洪山、丰乐、客店、板凳岗、长寿、洋梓等地都有人来此做生意,有的是固定的门面,有的挑担提篮走街串巷,逐渐发展为大洪山南麓物资集散地。

四、老街衰落

解放后,为了开发山区,政府实施了一系列有利于人民的措施,改善了张集的交通条件和提供了良好的灌溉条件。张集经济得到迅速发展,物资集散量大幅度增加,古镇上的物资交流已经无法满足人们的需求,至此老街开始衰落。

随着经济重心的转移,张集镇沿寺沙路(即钟随路)新建了一条东西约 1 公里,宽 20 米的新大街。出于保护老街的目的,新镇平行于老街布局,与老街形成"二"字形,整体上呈"三山·两河·一老街·一新区"的新的空间格局。

第二节　古镇格局

一、地形选址

张集东接随州,南抵温峡水库,西至黄坡水库,北临宜城,堪称交通便利、水源丰富。整个地势东北高,西南低,东南部为山区,中西部为丘陵地带。最高海拔 651.7 米,平均 141 米。

古镇选址于镇域中部的低山丘陵地带,呈"枕山环水"之势。镇址正落于关桥河北面地势平坦之坡地,正对南面燕子湾山,与西面朝天岩山隔河相望。既得山水之利,又省时省力,与春秋战国时期管仲的建城思想相符①。南北两河——关桥河、张畈河围抱作环形,交汇于镇西两河口处。站在燕子湾山最高处放眼北望,川流蜿蜒,群山拱翼,整个古镇与周围山水融为一体。

张集处三地之交汇处,过往人流较为复杂,且地处边缘山区,土匪经常侵扰居民,因此,张集境内山寨林立,几乎是逢岭筑墙,遇山建寨。这些山寨建成于明清时期,各山寨均在顶端建一个寺庙或者一个道观,形成颇具特色的"寨庙文化"。

---

① 春秋战国时期的管仲主张:"凡立国都,非大山之下必广川之上……因天材就地利,故城郭不必中规矩。"

张集镇鸟瞰图

张集镇屋顶鸟瞰图

张集镇总平面图

古镇沿关桥河呈带状集中分布,故现存老街即是古镇。解放后,沿钟随路逐渐发展起来的新大街,与古镇紧邻,地势高差约 10 米。古镇、新城沿山体等高线布置,整体呈"三山·两河·一老街·一新区"的格局。

二、防卫型老街布局

明清时期,老街南面紧靠关桥河作为天然屏障,其余三面均围以石墙,石墙总长 500 米,宽 2.5 米,有五个大门,一个便门①。整体呈"两关三巷六门"的防卫型布局。

主街横贯东西,长约 500 米,西高东低,地势高差约有 3 米,高差变化之处以石阶或坡道连接。东段临河房屋建在用当地毛石筑起的 5 米～6 米的河房基地上,既防河水侵犯,又可抵御外来侵扰。所谓"两关",即古镇南北主要出入口处分别设有朝阳关和阙平关,现已毁;"三巷",即北山巷、南水巷、中间夹着爬踏街

---

① 春秋战国时期的管仲主张:"凡立国都,非大山之下必广川之上……因天材就地利,故城郭不必中规矩。"

巷,都垂直于老街布置,皆设有门。出于防卫目的,各支巷与主街采用"T"字形相交。老街以北的北山巷和爬踏街巷,与新区垂直相连,是老街居民通往新区的主要巷道。老街以南的南水巷,连接关桥河;"六门",即东为大东门,西为魁星阁,南有斗迎门和水巷子的巷门,北有小北门和爬踏街巷门。兵匪年代,六门一关可保老街安然。该布局充分体现了老街较强的安全防卫功能,形同老汉口堡[①]布局。在湖北古镇中较为特殊。

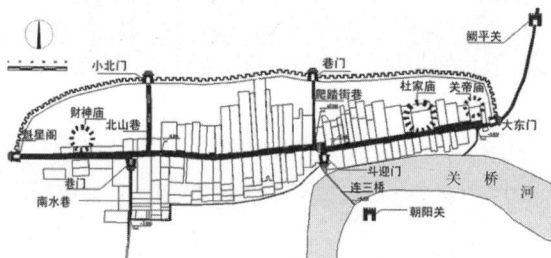

"两关三巷六门"防卫布局图   东段临河建筑

第三节　街巷空间

古镇地形北高南低,地势起伏较大,街巷结构具有明显的山地特征,整体呈"一支三节点"的骨架结构,即一条横向主街贯穿东西,四条纵向支巷(路),三个节点为中心。

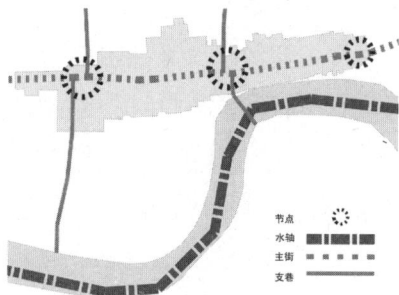

街巷结构图

---

①　清同治三年(1864年),地方当局为抵御义军进攻,在原堤防处修建了一条6.5公里长的半月形城墙,与汉水和长江一起形成了一个封闭的防御体系。这道城墙既便于布防守卫,又可抵御水患,"汉口堡"亦因此得名。此堡于1907年拆除。

一、横向主街

古镇的主街,又称老街,是一条以商业为主兼有生活、交通功能的街道。从平面形态上,可将主街划分成两个部分:一部分是斗迎门以东的主街东段,另一部分是斗迎门以西的主街西段。两端地势西高东低,高差约为 3 米～4 米。其中东段南北纵向坡度较大,且直接临河,建设面积十分有限,建筑南北进深比西段小,南面房屋建在用当地毛石筑起的约 5 米高的堡坎上;西段坡度缓,可建设面积多,北面房屋南北进深最大的达 50 米。解放前,因东段交通较西段方便,故东段比西段热闹。现在西段街道保存比东段好,其中西段中部是街道空间格局保存最好的一段,也是双披檐建筑最集中的一段。

东街街景

西街街景

错落的双披檐

双披檐细部

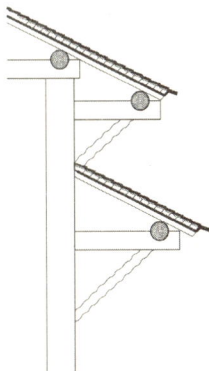
双披檐剖面图

二、纵向支巷

四纵向支巷(路)是指北山巷、南水巷、爬踏街、斗迎门石台阶路,它们都垂直于主街布置,过去皆设有巷门。

北山巷和爬踏街巷位于老街以北,与新镇区垂直相连,是老街居民通往新区的主要巷道。其中,北山巷地势高差较大,长约 53 米,宽约 3.3 米,由数级不到 1 米宽的石台阶和坡道构成;爬踏街长约 71 米,宽 2.7 米,为地势平缓的坡路,过去北面赶驮马或挑担的人都由此巷进入古镇。

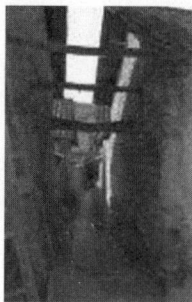

北山巷　　　　　南水巷　　　　　爬踏街　　　　斗迎门石台阶路

南水巷位于老街以南,是古镇居民到关桥河取水的主要通道。巷子长约 80 米,宽 1.8 米,采用青石板铺路,两边是土坯山墙,整体显得古朴悠长。过去自西南方来古镇赶集的人,都是由关桥河里的石墩过河,经水巷子到达镇上的。现在河里的石墩已被洪水冲毁,水巷子的交通功能也随之下降,仅西段的镇民由此去菜地或去河里洗衣服。斗迎门石台阶路直接与连三桥相连,是镇南云岭寨出入古镇,通向新大街的必经之道。

斗迎门石台阶路直接与连三桥相连,是镇南云岭寨出入古镇,通向新大街的必经之道。

三、重要节点

南门入口节点位于张集老街中部,由斗迎门小路与爬踏街交汇而成,交汇处有 15 级青石板台阶,地势高差变化较大,约有 3.4 米。过去门洞北面是熙熙攘攘、车水马龙的老街,南面有小桥流水,风景宜人,成为往来过客及本地居民休憩、闲谈的理想场所,是古镇现存最具特色的节点空间。

北山巷与南水巷交汇节点属于交通性节点空间,位于老街西端。

南门入口节点街景

北山巷与南水巷交汇节点街景

东门入口节点位于张集老街东端,既是新街与老街交汇的交通节点,又因包含重要建筑关帝庙而成为重要的文化节点,具有较强的历史文化信息。

第四节 特色建筑

昔日老街异常繁华,虽然只有 1 公里,却有房屋 2000 余间。直至解放前,街上有杂货店 17 家,中药铺 11 家,大小餐馆 10 家,粮栈 3 家,屠户 10 家,钱庄、茶馆、客栈应有尽有。现按其使用功能,将老街建筑分为店铺住宅、庙宇建筑、防御建筑三类。具有代表性的建筑实例有:

一、老街 187 号民宅

老街建筑平面布局以合院为单位,面宽小、进深大,沿纵深方向展开。以老街 187 号民宅为例,其平面布局为六进三开间,面阔仅 7.9 米,进深却达 55.8 米,是老街上进深最长的房屋。室内地坪高差约为 3.2 米。各房间的尺度都不大,中间的厅堂较狭长,已无原有的功能,仅起过道作用,与天井一起构成住宅公共空间。据了解,采用该平面布局的原因主要有:①一屋几家。老街寸土寸金,一般几家合建一个长屋,每个院落对应一家;②安全防御。狭长的通道前通主街,后通小巷,每个院落前后都设有门,有敌入侵时可层层防御;③自然通风。

老街187号民宅外景

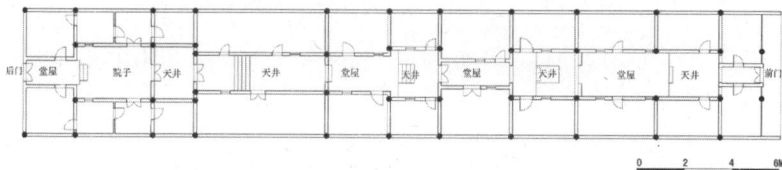
老街187号民宅平面图

老街187号民宅剖面图

老街187号民宅天井

有高差的院落

双重檐

　　店铺住宅类建筑临街面采用双重檐。一层出檐交错搭建在建筑两边的山墙上,中间用斜木撑支撑。木撑或直或曲,或有雕花。

二、老街 B17 号民宅

老街 B17 号民宅位于西街南侧,建于明清年间,坐南朝北,平面布局为无天井院落的单栋式布局。经过多次改建,现仅部分木构架保持原样。外立面是文革时期加建的,具有典型的文革时代特征。立面被四根尺度相当的装饰柱分为三部分,中稍宽,两边部分较窄。

老街 B17 号民宅正立面外景

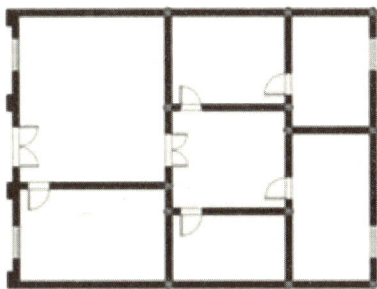

老街 B17 号民宅平面图

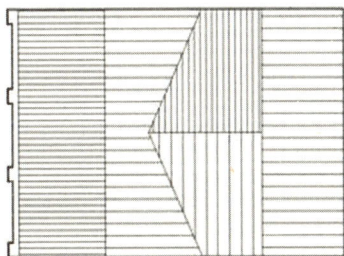

老街 B17 号民宅屋顶平面图

老街 B17 号民宅剖面图

三、庙宇建筑——关帝庙

古镇上生意人多,故求财保平安的庙也多,有"一里三座庙"之说。所谓"三庙",即街东的关帝庙,西边的财神庙,中间的杜家庙。现仅存的关帝庙,建于大东门旁边。

关帝庙是供奉关羽的地方。由于后人的不断神话化与推崇,成为民间少有的万能之神——司福禄、佑科举、治病消灾、驱魔避邪、诛叛罚逆,乃至招财进宝、庇佑商贾等,受到官民普遍祭祀,被称为"武王"、"武圣人",与"文圣人"孔子并肩而立。关羽不仅受到儒家的崇祀,同时又受到道家、佛家的顶礼膜拜,更加助长了关羽祠庙的修建,所以关羽祠庙遍布神州大地,香火旺盛也不足为怪了。张集古镇的关帝庙位于东街北侧大东门旁边,大东门是老街的重要出入口,境外商人由此进入老街,故将关帝庙设于此,祈门神关帝的庇护。建筑朝向坐北朝南,呈三开间一进天井的对称布局,建筑台基由南至北有0.4米的高差,建筑四个墙脚设有石脚柱。砖木结构,三开间长82米,进深10.6米。三面围合的天井狭长而略显压抑。现状建筑质量一般,已改为住宅。

据老街居民介绍,过去关帝庙的香火一直很旺盛,可见老街居民对安全防卫性的重视。

关帝庙屋顶鸟瞰图

关帝庙立面外景

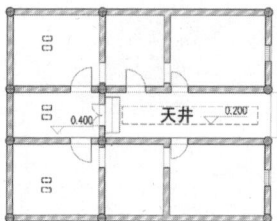

关帝庙平面图

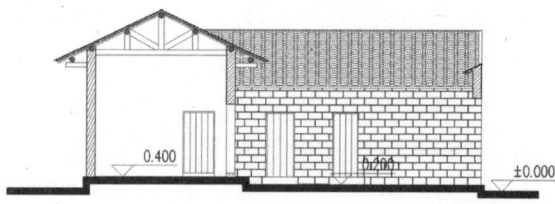

关帝庙剖面图

四、防御建筑——斗迎门

古镇防御建筑主要有"两关"和"六门"。现仅存街南的斗迎门。斗迎门,又称南门、关桥门,位于古镇东街南侧,与连三桥相连,是南面云岭寨居民来古镇的唯一通道。它是一座典型的明清古堡式门楼建筑,门洞高2.6米,宽1.9米,上面修有门楼一间,供守门人值勤,南面开有一个小窗。其沿街面与两边建筑连为一体,为长条形木板装成,形制上与其他沿街建筑没有太大区别。南立面由砖石混砌而成,下面为半圆形拱门。过去还有两扇铁皮包合的硬质木板门,现在已毁。门洞内外两边镶嵌有四块石碑,主要是记载方圆百里内重大事件。石碑下分别设有排水口。1947年12月钟祥解放后,江汉军区司令员张才千率军区司令部进驻张集休整,便在门楼上召开旅团长会议,对京钟战役进行总结,部署陡县战役,并与张集百姓欢度元宵。

斗迎门南立面图

斗迎门北立面图

五、连三桥

连三桥(又称官桥),建于清道光八年(1828年)冬,是一座19孔青石板小桥,南北向横跨在关桥河上。历史资料记载,小桥原是石墩,清代石墩被山洪冲垮后,由地方乡绅侯钦方组织,道人魏来宗主持修建了石桥。由于张集镇西南方的两河口与东北方的老虎沟两处原已修有两座石桥,这座桥是连续修建的第三座石桥,故取名"连三桥"。小桥由29块长1.4米,宽0.82米,厚0.2米的长条青石板砌筑而成。经历了数百年的风吹雨打,其他的两座石桥都被洪水冲垮了,唯连三桥依然保存完好,加之修建小桥的青石板有些奇特的动物化石,更给小桥增添了几分神奇色彩。桥下徐徐溪流清澈见底,周围景致秀丽,古镇的居民都在这里洗衣洗菜,构成了一幅别有风味的山区"小桥、流水、人家"的美景。

连三桥

六、石碑

张集古镇保留有四块石碑,分别镶嵌于斗迎门洞内外两侧,保存完好。

(一)功德碑

此碑刻于清乾隆五十一年(1786年)十月,高1.2米,宽0.05米。碑上记载"呈卜北张家集募化十方重修东西二河石墩",由乡绅侯钦方带领镇民,请道人魏来宗主持修建,并刻下149个募助人的姓名及捐助金额。

功德碑

连三桥碑

(二)连三桥碑

此碑立于清道光八年(1828年)冬。碑文记载:由于张集成为钟随两地的必经之地和大洪山地区的物资集散之地,人口日益增多,原来关桥河上修建的石墩已不适用,特选枯水期,修建了石桥,取名"连三桥"。石碑上刻有210个捐助者的姓名。

(三)工价碑

此碑于"大清道光十七年二月二十四众姓公议同立"。碑刻有千余字,字迹清晰,书写明畅,从中可大致窥见当时的工价行情及佣工双方应该遵守的规矩,可以了解过去古镇的民风。以下摘抄部分碑文,以供鉴赏。

"艺有专门,不得交相轩轾;斯价有式,无容自任低昂","而近来趋利巧取,工价混乱,致使一艺而价不等焉,一人而价不等焉,不论劳役而价不等焉,不分优劣而价不等焉。甚至礼貌不周,酒菜不丰,工价亦不一样。为防微杜渐,公同酌量裁定,逐一公布"。"攻木之工:其利器甚多,然全具亦不须年年添置,且艺术行动,不得惯彼身子服田力墙,举乡犹是一样。则工价照旧,以四十文为例。其有杂项须照旧例。治竹之工:其利器不多,虽全具亦无大费,且没甚努力处,老幼皆可以业。则工价照旧,以四十文为例。成衣之工:其利器不多,有全具可以世用。且席上就局,烟火俨然宾客款待。虽冬夜不停,亦止不补日之短。凡业工者没优于此,则工价照旧,以四十文为例。瓦砌之工:其利器虽少,而艺术有许多艰险,春不能避泥沙,秋不能避风霜,冬不能避冰冻。凡业工者莫劳于此。则工价照旧,以五十文为例。攻石之业:此工需用无几,照旧以五十文为例。"碑文后面说:"倘有徇情舞弊多取少与者,我辈同心碰之。"石碑对五种工匠的利弊得失分析得入木三分,工价派发得合情合理。

工价碑

道德碑

(四)道德碑

此碑刻于清咸丰年间(1851—1861 年),碑文记载的是张集一个不孝敬父母的举人被挫骨扬灰的故事。由此可以推断当时的社会风尚较好。

第十四章　因滩而兴——枝江董市古镇

"水府无处不阳春,董市盛衰总关情……"站在水府古庙前,放眼西眺,只见"霞随红日西飘去,山簇江水东流来",这里便是枝江董市古镇。

董市镇位于湖北枝江市西南 5 公里,东与荆州市接壤,西面毗邻宜昌市,南濒长江,属亚热带季风气候。董市镇境内及周边河网密布,水资源丰富,沮漳河①、玛瑙河分别从董市镇东西两面流过。董市镇距三峡国际机场 30 公里,距焦柳铁路枝江站 8 公里,境内宜黄高速公路和 318 国道横贯东西,地理位置优越,具有便利的水陆交通条件,为进三峡入蜀的咽喉要地。2003 年,董市镇老正街被宜昌市政府确定为宜昌市文物保护单位。

第一节　历史沿革

一、地势优越,聚落产生

公元前 4000 年至西周时期,董市镇西边岗地泰洲就因地势高而平坦,周边水源充足,兼收耕种、渔猎之利,而无洪水、旱灾之苦,而成为原始部落定居的优良居所。此处发现的新庙子遗址面积约 1 公顷,是董市镇有史可考的最早的聚落所在地。据出土文物鉴定,6000 余年以前,这里就是原始聚落的村寨。

---

① 古沮漳河原为东部漳河、西部沮河两条河流,后沮河历经多次自然及人工改道,今注入漳河下游,统称沮漳河水系。

二、交通发达，古镇形成

至西周时期，随着中原地区经济文化影响的扩大，一部分南迁的楚人开始把中原地区先进的生产技术带到古董市镇。1974 年在董市镇周边发掘的西周古墓，出土的西周时期的陶扁，已经具有典型的周文化的特点。西周以后，随着经济、文化、技术的进步，水路运输运载量大、运输成本低的优势逐渐为人们所认识，蜀地的陶器、漆器、青铜器等商品通过长江黄金水道向下游区域输出。

至西汉初期，古董市镇镇址已有较大发展，同是 1974 年发掘的西汉早期古墓，出土文物底部烙有文字"成市草（造）"、"市府造"等以及"田"、"黄"等漆工的姓氏。这些来自成都的商品，反映出当时的商贸活动和运输状况。

三、垸田大兴，农业崛起

董市镇周边除有长江外，还有沮漳河和玛瑙河等较大的河流。这些河流两岸因年复一年的洪水自然泛滥，泥沙淤积，形成较为高亢的地势，其间，较低洼的地方则淤积成田，平原腹地及平原外围岗地边缘地势便相对较低，积水汇聚致湖沼密布。单从地理角度分析，要在这些地方进行较大规模的农业生产，即非筑堤围垸不可。

从西汉早期至唐代，董市镇周边的众多湖泊并未遭到围垦，一直发挥着调节洪水蓄泄的功能，所以史籍上有关董市镇的水灾记载很少。南宋偏安后，江汉平原曾是抗击北方势力的前沿阵地，政府在这里兴办屯垦，开始将湖诸拓殖为农田。这是大规模填湖造田的先声，真正大规模填湖造田则是入明以后的事。据《枝江县志》记载，最早的洪涝灾害见于明弘治十一年（1498 年）。洪涝灾害是对董市镇的巨大威胁，围垸也随之应运而生。

四、长江改道，工商鼎盛

长江在百里洲首分为南北二江，原主流在南称外江，支流在北称内江，亦称沱江，二江于百里洲尾会合。内江江面窄而江水浅，易搁浅，故小型船只多通行于此，而大型船只则航行于外江。清乾隆年间（1736—1795 年），外江逐渐被泥沙淤积，河床升高，至道光十年（1830 年），内江乃逐渐成为主流。受长江改道影响，董市镇的水路运输优势进一步凸显出来。董市镇每日一集，江口每两日一集。

荆楚古镇沧桑

光绪二十二年（1896 年），经宜昌海关批准，允许董市镇停靠商轮。沙宜之间的短途客货班小轮船停靠董市镇，带来了大量的舶来品"洋货"，进一步刺激了商业的发展。

1921 年，董市镇开办"振兴"、"九成"、"协成"三家纺织厂，以机制纱为经纱，土纱为纬纱，制成比洋布价格低廉，比土布质量优越的"荆庄大布"。至 1940 年，董市镇有居民及流动人口近万人，商店 300 多家。

五、社会动荡，经济凋落

1940 年，董市镇街道和码头店铺被日军飞机轰炸，河街房屋大面积被炸毁，居民四处逃难。1945 年抗日胜利，特别是 1949 年 7 月枝江解放后，董市镇又得到恢复和发展。1966—1976 年的十年"文化大革命"使枝江经济的发展再次受到重创，许多古民居古建筑在破四旧中被破坏，商铺相继关门，工商业基本处于停滞状态。

六、古镇复兴，新旧并置

解放后，在国民经济恢复时期，由于党实行了保护民族工商业的政策，又自 1956 年顺利实现了资本主义工商业的全行业公私合营，董市镇的商业发展速度极快，其工商户骤增。随着 318 国道的建成通车，古镇开始突破沿江生长的带形空间意象的边界、向北扩张的新区域，形成新镇区，与老镇区协调发展。

第二节　古镇格局

一、从"一江两河"到"南北并置"的空间格局

董市镇位于长江以北，玛瑙河以东，沮漳河以西之间的长江冲积平原上，地势西北略高而东南低。河岸线长达 7.5 公里，境内水深港阔，可停泊 3000 吨级船舶，水路运输极为便利，沿长江地带较发达。形成长江沿岸，两河之间的空间格局。1949 年以后，随着 318 国道的建成通车，公路运输在该镇经济发展中占据了越来越重要的地位，公路沿线的新镇区发展较快，呈现出新旧镇区南北并置

的空间格局。

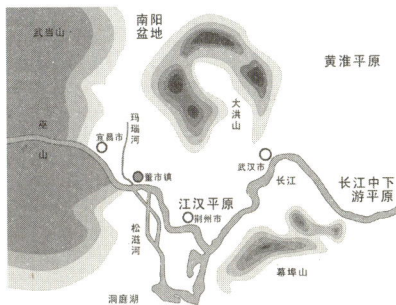

董市镇地理位置

董市镇总平面图

二、平行于长江的带状空间形态

董市镇因滩而兴。早在三国时期,魏延驻守董滩口。该镇邻近江滩码头的地段,就已出现依靠商品交换为生的居民。直至明代圩垸大兴,荆江河曲的水患得到了一定的控制,水路运输的优势日益明显,董市镇逐渐成为重要的物流中心。长江仿佛是一条巨大的传送带,通过码头把往来的财富源源不断的输送到董市镇。至清代,该镇以新码头①为中点,形成了街道、店铺与长江平行的带状空间形态。

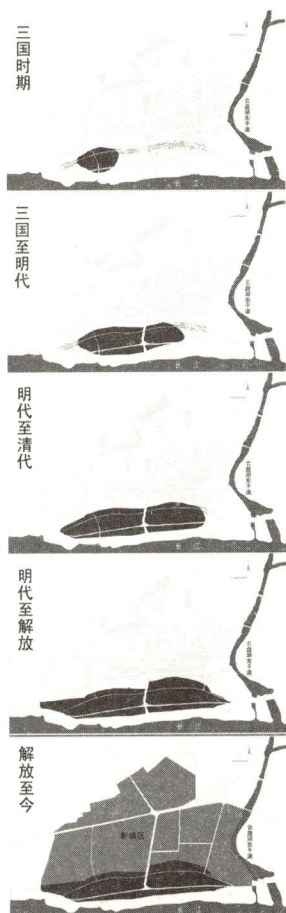

古镇形态演变图

① 新码头,古称,至迟于明代逐渐形成。现为仓库。

第三节　街巷空间

一、"一主多支"的街巷结构

古镇的街巷主次分明,老正街贯穿东西,支巷从山墙之间联系老正街与其他次要街道。老正街是古镇的商业街道,全长980米,宽5.5米～7米,原为石板街,两侧共有10余条支巷道,各巷道宽度从0.9米～2.4米不等。

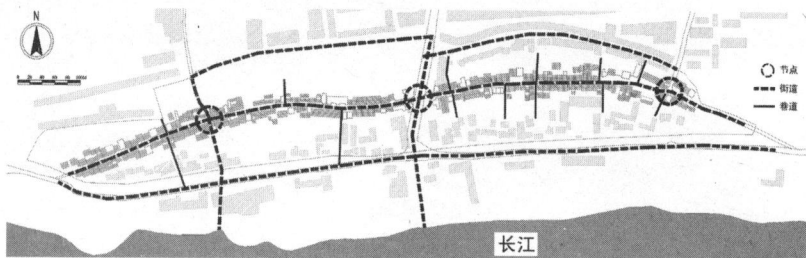

"一主多支"的街巷结构图

(一)龙甲街

董市镇街巷结构主次分明,如一条张牙舞爪的巨龙。老正街全长980米,宽5米～7米,是整个古镇的主干。如果说老正街是龙躯干,那么龙爪就是一条条深而窄的小巷了。董市镇的小巷分布在老正街的两侧,延伸到古镇的深处。老正街街宽7米,南面以老码头为中心,与河街联系的小巷3条,北面连通居住区巷道仅1条。据当地老人讲,上街作为商业物流区,对外联系较多,而与新正街

上街街巷空间1

上街街巷空间2

居民发生的内部贸易较少。老正街下街宽 5.5 米,为古镇手工业集中区域,作坊工人主要来自本镇新正街的居民。下街北两侧的巷道有 4 条,远多于上街。

（二）巷道

巷道是古镇的次要道路,相对于街道较为狭窄,类似于胡同和里弄。董市镇内大致有 9 条巷道,多以邻近住家的姓氏命名。巷道一般都向东西方向布置延长,并垂直与南北走向的主要街道,与街道一起形成网状的交通脉络。

二、明确的街道功能分区

古镇在漫长的历史发展过程中,逐渐形成了以街巷为中心,较为明确的功能分区。

（一）以河街为中心的物流区

长江黄金水道是董市镇的生命线,河街沿江而展,沿河街有大型码头 2 个,小型码头 10 余个,水陆联系十分紧密。各处往来物资均通过河街输送到镇内,或转运到其他商贸集镇。

（二）以老正街上街为中心的商贸区

老码头所在的老正街上街的历史,比下街要略为久远。古镇的商贸活动主要在这里进行。有诸多布庄、杂货铺、药材店、糕点铺集中于此。每到往来客商上下船的时候,格外热闹。

（三）以老正街下街为中心的工业区

董市镇的工业仅限于小作坊,及拥有少量简单机器设备的小手工业。主要生产布匹、绸缎、染料、金银首饰等产品。这些小作坊兴起时期晚于上街,与其有较明显的区隔。

（四）以新正街为中心的居住区

古时居民多聚居于此,如今新正街历史风貌已荡然无存,但仍是居民集中的区域之一。

第四节　特色建筑

董市镇现存传统建筑多始建于明清时期,目前现存有沿街建筑150余栋,层数在一至三层之间。历经几百年的历史积淀,这些建筑受当地的气候条件、自然环境、历史背景、文化内涵、生活习惯和宗族理法等诸多因素影响,呈现出显著的地域性特色。

古镇传统建筑大多以前店后宅为主,也有个别店铺是前店后坊上宅式。建筑中大多有天井,也有少数天斗或天井天斗混合式的。古镇肌理保存较完整,幽深且密致,房屋基本延续了原来的建筑风格,保留了最初的构造方式,尽管部分建筑内部功能已被改造,但其历史风貌依然清晰可辨,仍散发着独特的传统韵味。

一、水府庙

水府庙坐落在董市古渡边的江堤上,左临长江,右接田园。山门为砖砌牌楼,面宽小三间,单门,三檐错落,顶盖小青瓦,门上坊心竖写三字:水府庙。

水府庙建于明洪武八年(1375年),是由董市镇108家商号捐资修建,供奉的是水神肖公。相传肖公帮助朱元璋灭了陈友谅后,朱元璋下诏沿江建庙祭祀。古镇兴盛时期,水府庙香火兴旺,每年都会举行盛大的集市和庙会,是村镇居民重要的宗教、娱乐活动场所。

水府庙外景

水府庙大门

水府庙庭院

二、时召澳小学校

时召澳小学校(现为杂货铺)属于小开间大进深建筑,常用偏天井组织交通及采光通风。其特点在于天井偏于建筑一侧,近似于边庭。时召澳小学校原为私塾,系董市人时召澳开办,后改为新式小学校。天井为小学生活动场所,故尺度较大,宽6.5米,长4.5米。

时召澳小学校现外观

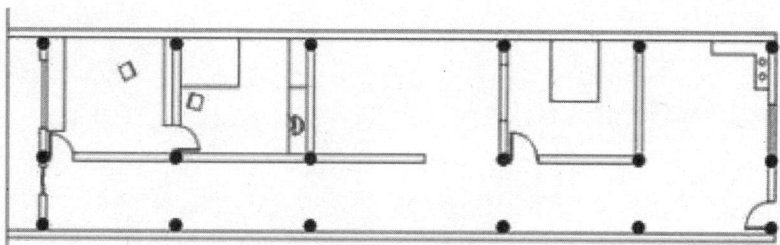

时召澳小学校平面图

三、时象晋故居

时象晋故居为三开间以上的大进深建筑,在中间设置天井。时象晋(1854—1928 年),同盟会会员,清末明初教育家。该宅建于清代,南北朝向,二层木结构,一层保存现状较好,二层已损毁。建筑采用四水归堂布局,面阔三间,总开间 12 米,进深 27.5 米。

时象晋故居鸟瞰图

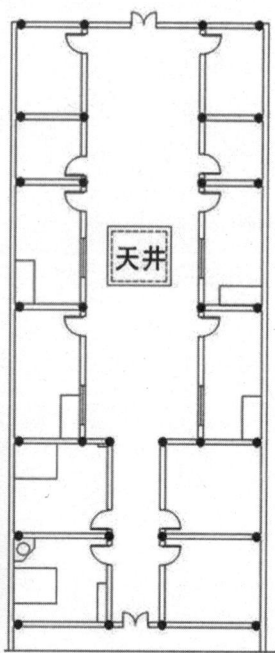

时象晋故居平面图

四、张涛湾匹头铺

张涛湾匹头铺建于清代,属于前店后宅的布局。前店与后宅之间以天井分割,其处理手法与"过白"相似。后宅与前店高差达 0.6 米,能够有效抵御一般的洪涝灾害,天斗进深达 2.5 米,面宽达 3.8 米,位于后宅的进门处,地幔已毁,不可考。解放以后,后宅部分几经改建,已近废弃,唯主体结构尚存。

匹头铺出檐

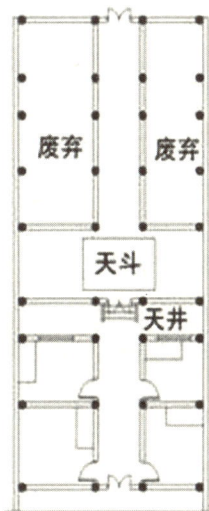
匹头铺平面图

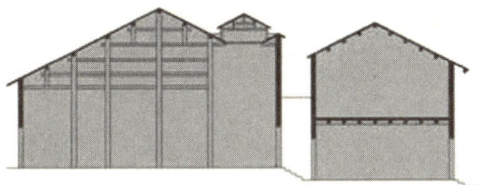
匹头铺剖面图

四坡天斗

第十五章　因水而兴——郧西上津古镇

"一瓢酒,一枝柳,望君长行早回头。"这是古时男人们出行时,女人们送郎的时候说的话。"柳"与"留"同音,希望自己的丈夫能及早的回家。而最早这个"柳"字便出自于郧西上津古镇。上津古城四面植柳,历史上又称"柳州城"。据说,当年南来北往的人们在上津定居后从家乡带来不同品种的柳枝插在上津城外以表达思乡之情。久而久之便有了"天下名柳汇上津"之说。沿河种植的柳树年久成片,所以上津古城又被称作"柳州城"。

上津古镇位于郧西县西北部,与陕西省山阳县交界,南依汉水,北枕秦岭,素有"朝秦暮楚"之称。地理位置十分重要,东距十堰市 120 公里,西北距西安 250公里,是湖北西进的桥头堡,陕西东出的东大门。古城周长 1236.5 米,东西距离262 米,南北距离 306 米,城设五门:东曰通郧、北曰接秦、南曰达楚、西曰连汉,西南开一小门——名曰:便民。上津古城是湖北省内保存最好的县级古城,被列为湖北省重点文物保护单位。

第一节　历史沿革

上津镇最早属于商,春秋属晋,战国属秦。西汉属长利县,隶汉中郡;三国末,曹魏设平阳县;西晋改平阳县为晋兴县;南北朝时属西魏,改晋兴县为上津县;西魏改上津县为上州,废帝元钦元年(552 年)上津撤县建郡。

南宋时金人多次侵略上津,宋军多次收回。绍兴四年(1134 年)岳飞部将王彦收复上津,次年金兀术派将求和,划金钱河上游鹘岭关为两国分界线。绍兴十三年(1143年)上津又降为县。

忽必烈中统四年(1264年)上津因战乱降县为堡,明洪武元年(1368年)又升堡为县。清顺治十六年(1659年)上津降县为堡,并入郧西县。

明洪武元年(1368年)朱元璋派西征大将邓愈收复上津,升堡为县,并且第三次移城至现城池所在地以南,为土城。嘉靖二至三年(1523—1524年)修建石头城。清嘉庆七年(1802年)时对古城进行一次全面复修,至今城墙砖上仍有"嘉庆七年"、"上津公修"的字样,城形似朝靴,又称"靴子城"。其古朴雄厚的风格至今仍让人震撼。明崇祯十年(1637年),农民义军在张献忠率领下攻破上津城,后由明将熊文灿发兵夺回。

清顺治十六年(1659年)上津降县为堡,并入郧西县。嘉庆三年(1798年)农民起义军白莲教在首领王聪儿的领导下攻破城池,杀官开仓救济穷人。后由朝廷派将军德愣泰联合各方军队在上津槐树沟会歼起义军,王聪儿在此就义。嘉庆七年(1802年),上津公众集资献力公修上津城池(在石墙基础上砌砖,即现古城)。

民国期间,上津为郧西县一镇,历经战争创伤。1932年红四方面军在张国焘、徐向前、陈长浩的率领下,北上抗日,在上津云岭与胡宗南部拉开了30余里的战线,进行了激烈的战斗,这也是红四方面军北上抗日在湖北的最后一战。同年,红三军在贺龙、关向应的率领下,在上津一带活动了一个时期转回洪湖。1934年,红二十五军在徐海东、程子华、吴焕先等率领下,经上津到达豫鄂陕边界建立根据地,并在庙川、关防、上津一带活动。1946年7月五师突围,一部在李先念的率领下,经上津辗转至延安;一部在上津一带建立郧山县政府,与国民党军队开展游击战争。1947年,陈(赓)谢(富治)兵团南下,由十二旅解放上津,并建立上关县人民政府。1949年5月,武汉、西安相继解放,裁上关县并入郧西县,属湖北省郧阳专区管辖至今。

第二节　古镇格局

一、"因水而生,因水而兴"的自然条件

上津镇因水而生,因水而兴,因水而名。历史上,南粮北运有三条要道,东边是沿海漕运、中有京杭大运河、西以汉口为集散地,穿汉江进甲水(金钱河),翻秦岭,达长安。上津便成了西道水、陆路物资集散地,而三条道最便捷的是西道。相传当年杨贵妃所吃的荔枝,就是从这条道送入京城(由于当时无保鲜设施,必须快马日夜兼程走捷径)。唐代诗人杜牧写的:长安回望绣成堆,山顶千门次第开。一骑红尘妃子笑,无人知是荔枝来。就是对此的描述。据史料记载:隋唐时,码头上,随时可见大小船数百艘,绵延数里,沿岸茶馆酒肆林立,商铺客栈更是多如牛毛,整个古镇在群山中呈现出一派"江南水乡,小江南"的繁华景象。

上津镇鸟瞰图

上津城墙一角及水运水系

城外金钱河之前称甲水。之所以叫金钱河有其缘由。传说明永乐年间兴建武当山天柱峰金殿时,山上建筑材料少,外地运来又较困难。正在危难之时,一日皇帝夜间梦到龙宫与龙王借了金银,醒来原是一梦。翌日,上津突涨洪水,水面上有无数的蛤蟆和蛇等物顺河而下,流入汉江,行至武当山脚下爬上金顶,变成金砖金瓦,成为修建金殿的材料,金钱河由此得名。

二、"秦之咽喉,楚之门户"的战略要地

上津位于鄂西北边陲"三面环秦、一面接楚",史称"秦之咽喉、楚之门户",历

来都是兵家必争之地,由于地势险要,常常是今天被秦国占领,明天又被楚国夺回。成语"朝秦暮楚"即出于此。对于这个成语还有一种说法是说,距离之近的,即早上从秦国走,晚上就到楚国了。上津自北魏(223年)曹操在此首置平阳县,距今有1700多年的历史。在这1700多年里,上津曾14次设县、6次设郡、2次设州。"上津"二字的由来还有一个说法。"上"乃天子,"津"为渡口。自隋以来,这座金钱河上的重要渡口因靠近天子的都城——西安,而称为"上津"。又因帝王们在这里或弃陆走水,或弃舟走陆,因而又称之为"天子渡口"。

第三节　街巷空间

古城有青砖砌成的城墙,高约7米,为梯形状。城墙设5个城门,每个高3米。门内右侧有蹬道至城楼,城外有护城河。从西门至主街有一小街,保留着古朴的味道,街道正中铺的是青石板,旁为卵石墁路,檐下设下水道。

古城墙鸟瞰图

城墙北门

通汉口城墙

城墙马道

城墙城垛

古街总长约1.5公里,青石街道宽3米。两旁建筑青砖黑瓦,飞檐斗拱,雕梁画栋,古朴雄浑,左右对称,高低和谐,错落有致。以古街两旁古建筑为主体,明清四合院建筑为辅,构成了一个规模宏大,保存完好的明清建筑群落。

上津主街鸟瞰图 1

上关县旧址处街景

上津主街鸟瞰图 2

墙踪及窗

街景

城门处街景

第四节　特色建筑

上津僻处秦楚边隘,特殊地理位置使得上津的古建筑融汇南北风格。上津遗存的历史文物众多,主要有四大类:一是庙宇类,有杨泗庙、元贞观、城隍庙等;

二是馆舍类,有山陕馆、北会馆、武昌会馆、河南会馆等十余个遗址;三是公共建筑类,有古城墙、古戏楼、古趣街等;四是民居类,主要是明清四合院。其中,尤以古城、南北会馆、古戏楼、明清古建筑群等最有价值。

古镇建筑"回"字型屋顶鸟瞰图

现存的上津民居类建筑,以典型的四合院为主的明清古建筑为代表。建筑古朴,飞檐斗拱,青砖黑瓦,雕梁画栋,左右对称,搭配协调。民居多为清末四合院,一进数重,内置天井,四周小屋,雕窗临井,古色古香,风格独特。一般三四户一院,温馨而和谐,当地有"千里胡洞娃,院子三四家"的美称。平面呈长方形,建筑物相互对称,布局结构紧凑,封闭性较强。门为铺板房,房屋为砖木结构,基础多为石砌,上以青砖瓦,墙体厚50厘米左右,外砖里坯白灰抹面,墙体下有砖柱,与木柱、木梁构成房屋框架,有"墙倒屋不倒"之说。不论从整体看还是从局部看,这里的民居建筑都具有很高的美学价值。具有代表性的实例有:

一、陕西会馆

古镇有南北会馆,其中南会馆又称"陕西会馆",坐落于古城东北后山腰250米处,单户独院,青砖黑瓦银楼波浪顶,飞檐画栋卷角马头墙,古朴生动,粗而不俗,细而不腻,风格独特,门额及墙砖上雕有"山陕馆"字样,字体遒劲,飘逸挺拔。馆内置小型四合院,分设东西南北四厢房各六七间。各厢房结构不同,用途各异,分工齐全,是一座集吃住、游玩、仓储、集会等多种功能于一体的旅馆、驿站。北会馆,位于南会馆以北10公里处,与南会馆遥相呼应,单户独院,整体结构、布局、功能与南会馆基本相同,但细微处又风格迥异,区别有致。南会馆房顶坡面

荆楚古镇沧桑

平缓,圆润流畅;北会馆房顶坡面陡急,檐角尖翘;在梁栋花纹雕饰处理上,南会馆豪放自然,北会馆做得精细玲珑,是典型的南北建筑风格对比体现。

南北会馆是古代各地驻上津的武昌会馆、河南会馆等众多会馆中唯一保存完整的两座,也是十堰乃至湖北省保存最为完整的两座古会馆。它既是集古代高雅精湛的建筑艺术与经济实惠耐用的设计理念创造的产物,更是南北文化在这里交汇融合后的产物;既是研究古代南北文化发展融合的难得实物资料,更是研究古代南北建筑技术与建筑风格的"活宝库"。

陕西会馆外观

陕西会馆入口

陕西会馆墙垛

二、古戏楼

古戏楼是一栋尖顶、数重、层次、深度感极强的古代剧院,舞台南北左右对称、檐角高低、大小、前后错落有致，内用木柱列梁架设，外用青砖垒墙围之，墙楼和谐融为一体，构成了一幅青砖黑瓦、彩柱画梁、飞檐翘角的美丽图画，其建筑工艺、布局、设计均显示出了高超精湛的技艺，不仅是当今建筑设计的难得教材，更是一件规模宏大、价值无量的绝美工艺品。相传每逢重大节日或大型庆典、祭祀活动，秦楚两地戏班均要来此同台演出，唱秦腔、演楚戏，相互竞技，比示演艺水平，抢争观众，甚是热闹。民间传曰"对台红"便是由此而来。

古戏楼外观

三、天主教堂

天主堂，民间又称天主教堂，位于古城内中心位置、古街西侧民居四合院丛中，始建于清末，迄今已有一百多年的历史了。教堂集西方建筑艺术与东方文化于一体。绿树掩映中的主建筑，尖圆顶，青砖墙，楼顶高低不一，错落有致，四角钟楼高耸，钟声清脆圆润。复式楼内，设有经堂，每到周日，虔诚的男女信徒，集聚一堂，诵经念佛，气氛浓郁，小院四周辅以中式民居四合院，中西合璧，增添了别样情调。

天主教堂正立面

第十六章　因农而兴——巴东野三关古镇

　　素有"施南门户,鄂西重镇"之称的鄂西重镇——巴东县野三关镇,位于恩施土家族苗族自治州,地处武陵山区①。古镇地势由西北向东南逐渐降低,气候温和偏寒。野三关镇扼川鄂咽喉,北望长江,南临清江,古有施宜人行大道②,今有209国道、318国道纵横贯通。

　　野三关历史镇区内现存老街——农亭街,形成于清初,老街为南北走向,南高北低,长约600米。沿街两侧有清末及民国年间建筑130多栋,约60%未被毁坏,仍然保持着淳朴的风貌。1992年,野三关被录入《中国著名乡镇》丛书。新华社第2131期《国内动态清样》称誉为"深山野岭夜明珠"。1999年,野三关镇被授予"省级文明乡镇"称号。

第一节　历史沿革

一、因农集聚,始成聚落

　　宋代以前,这里还是人迹罕至的蛮夷之地,处于原始的渔猎生产时期。北宋太平兴国年间(976—983年),寇准被委任巴东县令,任职三载。在此期间,他经常到县城南面的深山老林(今野三关境内)劝当地土人弃猎务农,并推广中原农业种植技术。随着农业的不断发展,人口渐渐增加,农民需要选择定居点,他们

---

　　① 武陵山区:位于湘、鄂、川、黔四省交界处,其间山脉纵贯,风景秀丽,自古就是土家、苗、壮等南方少数民族聚集繁衍之地。

　　② 施宜人行大道:始建于清朝乾隆年间,由官府组织,民间捐资修建。它由宜昌出发,翻山越岭至恩施,全长360km,由石板铺成,是恩施连接外界的一条重要陆路通道。见《巴东县志》。

看到野三关平坝地势平坦开阔,有一处冲沟顺坡势由南向北而下,十分有利于排水,于是选择将农舍顺沟而建,数量也不断增加,到明嘉靖年间(1522—1566年),最初的聚落开始形成。人们忘不了寇准"劝农"的恩德,就在聚落附近的土丘上(庙包)修一亭阁,取名"劝农亭",野三关镇最早的命名也就称为"劝农亭"了。

二、居中施宜,兴商成镇

在鄂西、巴蜀地区移民历史上,规模最大,持续时间最长的移民事件当推元末明初、明末清初来自湖南、湖北的"湖广填四川"移民潮,这对当地社会经济文化诸方面产生了深远的影响。众多的移民,使恩施腹地荒夷之地不断开垦,人口增加,新的聚落不断形成,与外界交流和物资交换的需求也日益强烈。在这样的背景下,慢慢形成一条崎岖的人行山路——施宜大道,人们年复一年的沿着鄂西老林的这条山路把大烟、桐茶漆等山货挑到宜昌,把换得的布匹、盐巴等物资背进深山。施宜大道从施南府(今恩施)出发,经野三河上野三关,出榔坪去宜昌,全长360公里,"劝农亭"正好在这条人行路的中点上。独有的区位使它成为风餐露宿的背挑夫歇脚的站口,到清朝初年,各地商贾开始在集镇老街上置房经商,老街上各式铺面云集,一派兴旺景象。清朝雍正八年(1730年),位于野三口(地名)的原野三关巡检司衙门失火焚毁,县府看到"劝农亭"集市发展得颇具规模,于是决定将巡检司移迁至此,这就是今天的野三关镇了。

三、战乱迁移,超常发展

清朝初年,野三关镇建立后,集镇按着经济和城镇建设的规律不断稳步发展。历史转到20世纪上半叶,古镇经历了一段超常发展的时期。当时正值抗日战争时期,随着南京、武汉相继沦陷,国民政府迁往西南后方,恩施地区成为湖北省政府、机关、工厂和各学校临时驻地。1938年,野三关镇迁入了国民党第六战区后方医院、湖北省汉阳联合中学、国民党军政部购马组、国民党军械所、国民党荣誉军人招待所、国民米粮站等机关和单位,加上前方撤退军人和家属,古镇人口剧增,商家也看到商机,蜂拥至此,各式店面不断开张,镇区面积急剧扩张,土地紧缺,地价上涨,喧嚣的古镇发展到了一个高峰。与此同时,也带来许多负面问题,由于畸形的扩张,基础设施和城镇管理水平完全跟不上,天花等瘟疫也经常流行,几年间连续发生的三次大火更重创了老街,焚毁房屋百多家,古镇的繁荣背后显现出一丝隐忧,但野三关就是从这种既符合历史逻辑,却又违反常态的外力推动下一步步走向现代。

四、盛极而衰,存古兴新

抗战胜利后,国民党军政机关陆续迁出,野三关镇恢复了它的平静,它又回到应有的历史轨迹中来。随着时代的发展,人行山路——施宜大道慢慢退出其历史舞台,1958年5月7日竣工的绿(绿葱坡)清(清太坪)公路经过野三关镇,与老街平行且仅隔60米左右,以后的几十年,野三关镇的机关团体沿公路而建,其他社会服务和管理机构也相继在公路落户。新街(公路)成为镇的政治、经济、文化中心。

第二节　古镇格局

一、"古嶂千寻山势陡,重镇天开巴子国"的地理格局

野三关镇镇域60%为山地,耕地和人口多分布于山区,境内山峦叠翠,溪涧纵横,集镇选址在野三关坪坝。"坝,即山区间的平坦开阔之地"。野三关镇是陆路进恩施重要的门户,集镇的老街在清朝末年已是巴东的"十八集市"之一,是巴东县南部最大的物资集散中心。

野三关镇鸟瞰图

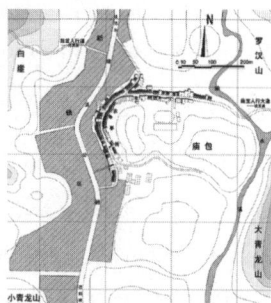

野三关镇总平面图

二、"四山一坝,新旧依傍"的古镇空间形态

野三关坪坝四面山峰对峙,依次为罗汉山、白崖、大青龙山、小青龙山。在素有"八山半水一分半田"的巴东县,近4平方公里,平坦肥沃的土地无疑是宝贵的种植资源,农业开垦,使得古镇聚落开始形成。恩施自古交通不便,人们年复一年的沿着鄂西老林的山路把大烟、桐茶漆等山货挑到宜昌,把换得的布匹、盐巴等物资背进深山,慢慢形成一条全长360公里,从恩施至宜昌的人行大道——施宜大道。野三关正好处于这条大道的中点上,起初是风餐露宿的背挑夫歇脚的站口,到清朝初年,各地商贾开始在集镇老街上置房经商,老街上各式铺面云集,民国年间又将县区其他机关团体设置与此,加上天主堂、玉皇阁等宗教场所,使这里行人如

古镇外围地势险要

织,香火不断,商贸繁荣,一派兴旺景象,被称为恩施州的东大门。

古镇一派和谐的田园风光

随着新街(公路)成为镇的政治、经济、文化中心,老街保留居住功能,基本沿承原有风貌。野三关镇逐步形成"四山一坝,新旧依傍"的空间形态。

第三节　街巷空间

一、"一道·两街·三巷"的空间结构

"一道"即施宜大道。施宜大道由老街北端进入,从大巷子穿出继续向西延伸;"两街"指老街的主街和岔街,农亭街向北450米处分岔,主街沿施宜大道向北至漆树墩,岔街转向大水井;"三巷"指老街的三条支巷,它们依地势拾级而上,原本作为防火巷道使用,现在成为新街老街的联系通道,两边店铺林立,别有一番风味。

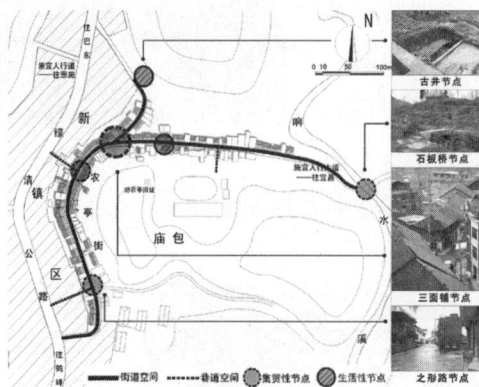

街巷结构图　　　　　　　　　　　　　　街道鸟瞰图

主街街景　　　　　　　　　　　　　　岔街街景

二、因地制宜的山地街道空间

老街原系因沟而建,冲沟顺坡势由南向北而下,房屋均临沟而立,后来将沟改造成暗渠,上铺青石板,暗渠与房屋落水设施相连,形成古镇完善的排水系统。老街原为人行道,路面平缓,隔100米设置几级土坎或石阶,既解决了高差,又形成了情趣盎然的山地街道空间。

梯道1

梯道2

梯道3

三、重要节点

(一)三面铺

集贸性节点主要分布在历史镇区边缘和交通便捷的开敞地带。前者如老街北面入口的石板桥和老街南面出口的"之型路"——它们是古镇范围界定的标志,不论是施宜大道上的脚夫,还是四野来赶集的山民,看到它们,也就知道到野三关了;后者如中心岔口的"三面铺"——主街和岔街交汇,在这里形成一个三角地带,于是这栋建筑因势就形,建造成一个三面均为门面的异形建筑,犹如汉口鄱阳街和洞庭街交汇处的巴公房子,形成烘托老街商业繁荣的一个标志。

三面铺节点

（二）古井

它们是在古镇日常生活和社会交往中形成的场所，有的尺度小巧，形态自由，如岔街北端的古井节点——古井水清甘洌，常年不涸，是古镇居民取水之地，也是停留、闲谈、聊天之地；有的功能具有一定复合性，如玉皇阁入口——入口开向老街，起始端设一阁，人称"三层不用梯"，盖其用外部自然高差来解决其竖向交通问题，香客在此买香然后拾级而上到玉皇阁膜拜。这里平时是居民聚会商议之处，赶上庙会又成为香火旺盛，行人如织的场所。

古井节点

第四节　特色建筑

野三关建筑空间有虚实两种基本构成单元，即"间"和"天井"。古镇传统建筑的"间"，面阔通常较小，一般3米，进深3米～4米。因"庶民庐舍不过三间"，一般房屋都为三开间，只有个别大型的公共建筑和商业建筑达到五开间。另一种构成单元天井，是庭院在野三关古镇地域化的结果。院落的组织围绕天井展开，同时也是建筑的"采光器"、通风口、家庭活动场所，是与居民日常生活和交往活动最密切相关的空间。传统建筑个体与群体都与环境达到了很好的融合，组成和谐、健康的聚居环境。比较有代表性的建筑实例有：

一、28号建筑

28号建筑是典型的"一字屋"。这是古镇民居最常用的平面，即"一明二暗三开间"。根据所立柱数目，分为"三柱四骑三间"或"五柱四骑三间"等。中间为堂屋，作为祭祀祖先、红白喜事、迎送宾客的场所，是家庭活动的中心。左右两侧为厢房，也有称之为"人间"。"人间"常用板壁隔为前后两间，土家人崇拜"火"，前一间即为火铺房，内设方形火塘，火塘上有三角铁架供烧火做饭，也是全家饮食、取暖、议事之处；后一间作卧房，供休息和储物用。在正屋两端或背后常搭有披屋，作为饲养牲口和杂物所用。有的因为高差的原因采取吊脚，这就类似于"钥匙头"的做法了。

"一字屋"外立面

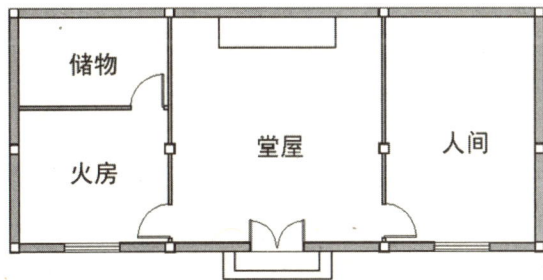
"一字屋"平面图

"一字屋"火铺房

二、巴东郑家大屋

大屋位于野三关镇泗渡河村。该村始建于清乾隆年间（1736—1795年），距今约300余年历史。现为恩施州重点文物保护单位。

郑家大屋占地面积2200平方米，建筑面积2100平方米。大屋共9口天井，48间房屋，52个垛子。外墙为砖砌，内部为木质穿架，分楼上楼下两层。屋顶盖

荆楚古镇沧桑

青灰布瓦,所有地坪为石板铺面。由场坝上台阶进门楼,门楼上方挂一匾,上书"外翰第";由门楼进入第一口天井,再上三级台阶进入厅屋,正面有一茶屏,茶屏上有一木刻镏金大"福"字,茶屏上方有一木刻匾"萱茶稀龄";由厅屋穿过大天井就进入正堂屋,屋前上方有一木刻匾,上书"松筠节廪",正堂屋后壁上方有一木刻匾上书"继序其皇",正堂屋内侧"抢柱"上有一副木刻镏金对联。

郑家大屋是整个鄂西南地区很有特点并颇具代表性的民居建筑,从结构到装修都有很高的艺术鉴赏价值,木构做工精致,装修雕刻精美,选址、采光、排水等功能都具有一定特点和科学研究价值。

郑家大屋鸟瞰图

郑家大屋外景

郑家大屋天井1

郑家大屋天井2

郑家大屋封火山墙

郑家大屋火铺

郑家大屋隔扇门

台阶细部

三、122号曾家

122号曾家是典型的四合院式的建筑布局。由于受地形环境和经济水平的制约，老街上的四合院不多，多重院落的更少，它们多是四面各方相连，形成一方正院落，称为"四合天井"或"四水归堂"。有的前后房有高差，就通过院落设置台阶解决，形成别致的空间变化。与平原地区四合院不同，野三关镇的四合院是四转角连做，各房俱相连，当地人也称为"印子房"，和云南"一颗印"做法显然有姻缘关系。

曾家鸟瞰图

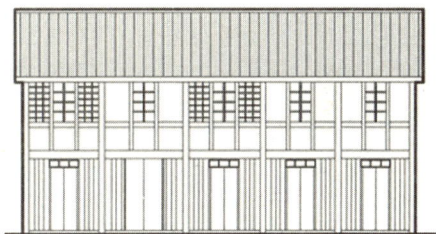

曾家立面图

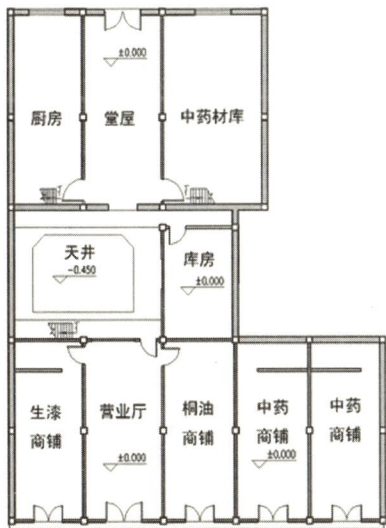

曾家一层平面图

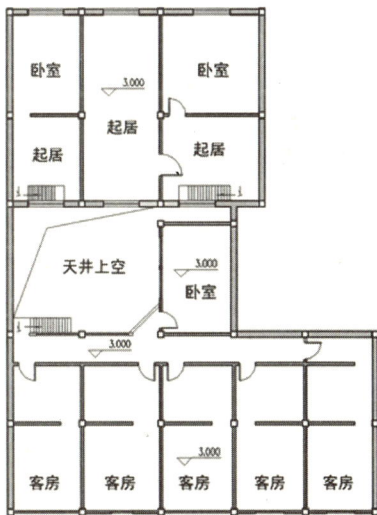

曾家二层平面图

第十七章　因山而兴——鹤峰五里坪古镇

位于鹤峰县城东南 60 公里的高山盆地里有一处被称之为"鄂咽喉小南京"的地方。这里四周群山逶迤,其东北部数峰如削,悬崖怪柏覆顶,有"十二翠屏挑五鹤"之说,这就是湖北恩施州鹤峰县的五里坪古镇。

鹤峰五里坪是一块由无数革命先烈曾经用鲜血染红的神奇土地,是国家一类革命老区,富有光荣的革命传统,拥有历史悠久灿烂辉煌的民族文化。第二次国内革命战争时期留下的大量革命纪念建筑遍及鹤峰全县,它们起到彰显土家族历史价值、弘扬民族精神的作用。

五里坪集镇现有一条 200 米长的老街,现存很多的革命旧址(遗址)。这些旧址群民居均系悬山穿斗结构木质瓦房,其聚落形态展示了土家族的民俗文化。

新中国成立后,五里坪老街的纪念性建筑及街道一直完好的保存了下来。1986 年,县级人民政府公布老街为文物保护单位;1989 年被恩施州政府列为"全州重点文物保护单位",1992 年被湖北省政府公布成为"全省重点文物保护单位"。

第一节　历史沿革

因地处"湘鄂川"三省交界,其地理位置具有很强的战略地位。"自汉历唐,世守容阳。"元至正十年(1350 年)就设立四川容洞军民总管府。

明清以来,一直是湘鄂西地区交通要冲和边贸重镇。至清康熙四十三年(1704年),田土王在五里乡南村设立行栈,即土司南府,当地经济文化进入鼎盛发展时期。

　　第二次国内革命战争时期,鹤峰是湘鄂西革命根据地的策源地和战略后方,是湘鄂边苏区的中心,是中国工农红军三大主力之一的红二方面军孕育地。全县 6 万余人口(其中土家、苗、蒙、白等少数民族占 50% 以上),投入革命洪流的群众达 25000 多人,有 2000 多人献出了自己宝贵的生命。1931 年贺龙率领红四军、红二军团在这里收编川东土著武装进行了著名的"五里坪围歼战"(为红二方面军军史上著名的战例),并根据中央指示,组建了中共湘鄂边特委、中华苏维埃湘鄂边联县政府,开辟以鹤峰为中心的湘鄂边苏区,形成了整个湘鄂西革命根据地的战略后方和反"围剿"斗争的主要战场,苏维埃政权长达五年之久。

　　五里坪腹地一条长 200 米左右的老街上,保存着红四军军部、中华苏维埃湘鄂边联县政府、共青团湘鄂边特委机关、区和乡苏维埃政府、苏区合作社、湘鄂边独立团团部、后方医院、被服厂、妇协会等革命纪念遗址 22 处(共 18 幢房屋,均为悬山顶穿架梁柱板装瓦房),是湘鄂渝黔边界地区唯一保存较好的革命旧址群。

第二节　古镇格局

一、"山岳连绵,沟壑纵横"的地理形态

　　五里坪位于鹤峰县境内,处于整个西南云贵高原的东北部起点。鹤峰县境内地形西北高、东南低,山岳连绵,沟壑纵横,多山间小盆地。地貌划分为低山、中高山、高山三种形态,平均海拔 1147 米,是湖北省高山县之一。最高点是西北部的牛池,海拔 2095.6 米,最低点是东南角的江口,海拔 194.6 米,高差达 1901 米。地表平均切割深 784 米,地表坡度平均为 24.1°。

二、"山间盆地,群山环绕"的空间格局

　　五里坪位于鹤峰县东南部,北毗五峰县湾潭,东邻湖南石门县,西南分别与本县容美、燕子、走马接壤,地势东高西低。全境皆为山区,群山连绵,沟壑纵横,以二高山为主,兼有低山河谷,呈立体分布。五里坪镇处于这种山地地形之中,

古镇选址尽量地避开起伏较大的坡地,选择相对较为平缓的地带。这也是山地和丘陵地区城镇选址的特点之一。

五里坪镇鸟瞰图

第三节　街巷空间

一、"一老二新一路,新老交错并置"的街巷结构

鹤峰县至湖南省的公路自西向东通过五里坪镇。五里坪镇区中部有一突起的小山,称为"衙门包"。该小山下的"五里新街"西偏北方向沿着公路两侧延伸并相交,另有一街名为"五里横街"则为南北走向,与通往湖南的公路基本成垂直相交状态。这两条新街与公路相交于一处,呈现一种发散状的态势。

街巷平面图

古镇老街鸟瞰图

还有一条街道则是与前面的新街平行的老街。该老街沿东南方向与"五里横街"相交,又在镇区西北角处与转向与北的"五里新街"相交;在其老街中断处还有一横向的巷道,可通往"五里新街"和公路。整个镇区的空间形态结构呈现出"一老二新一路,新老交错并置"的格局。

二、古朴的街巷景观

老街宽度不足 5 米,街道两侧房屋均为悬山穿斗式木构房屋,板装瓦屋,分四柱四骑、五柱四骑、五柱五骑等多种类型。临街两侧多为一层,较普遍的是前檐柱以外另设一柱一骑,称为"看柱"、"看骑"。"看柱"立于阶檐,形成长长的廊道。建筑高度在 5 米~6 米之间,街道高宽比合适,形成舒适的空间。

老街中段街景

两旁建筑青砖黑瓦,飞檐斗拱,雕梁画栋,古朴雄浑,左右对称,高低和谐,错落有致。五里坪老街上的很多铺面的木门灵活可拆卸,使街道空间与建筑空间相互渗透,扩大了交往和视觉空间的范围。

第四节　特色建筑

五里坪革命旧址位于五里坪老街中段,布局整齐,保存完好。街道全长 150 米。旧址分别排列于街道两侧,均系悬山式穿斗结构木房,共 117 间,占地面积为 2300 平方米。分别为联县政府、共青团湘鄂边特委机关、区苏维埃政府、合作社、会场、关押提审犯人处、医院、驻军等旧址。其中,联县政府在五里坪老街中段南侧,共六大间,目前尚剩三大间,分上下两层,现略向东倾斜,但基本保持原貌。保存较好的实例有:

一、中华苏维埃湘鄂边联县政府旧址

该旧址位于老街中段南侧,坐南朝北,共三大间,八小间。建筑面积为140米,为悬山式穿斗结构木质瓦房,四扇共用禾柱28根,前檐柱高5.5米,中柱高7.55米,后檐柱高3.2米,为上下两层,一楼中厅临街为八块木质大门,左右次间皆分为外、中、内三小间,其外间为铺面。内间与中厅退堂相通,除明间中厅外,各小间均有地板。二楼中厅靠外为半楼并装有栏杆,中为天窗,半楼及次间楼房临街一侧各有花窗一个。次间二楼均有房间三间,西面次间中间为木楼梯。

1929年至1930年,红四军军部曾三次驻扎于此,贺龙有两次住在二楼次间内室。一楼为军部警卫连驻地。1931年3月底,中华苏维埃湘鄂边联县政府设在这里,一楼靠西面次间内室为县政府主席向经武卧室,外间为湘鄂边特委委员龙在前的卧室,二楼为联县政府后方医院(后迁至下街共和板栗坡)。联县政府设此期间,临街屋檐上插有红旗,明间中厅临街面扎有彩门,中厅神龛壁挂有列宁画像。

中华苏维埃湘鄂边联县政府旧址立面图

二、共青团湘鄂边特委机关旧址

鹤峰县九区苏维埃政府旧址位于老街中段南侧,东端紧连中华苏维埃湘鄂边联县政府旧址。该旧址系两进式悬山穿斗式结构木质房屋,坐南朝北,面阔

10.8 米,进深 17.95 米,明间中厅直接与天井、后一进神龛壁形成一大间,面积为 63 平方米。明间临街面有八扇大门。前后两进之间有 4.6 平方米的天井一个。前面一进左右次间各分内外两室,后进左右次间及退堂共五间。

共青团湘鄂边特委机关旧址

1929 年 6 月,鹤峰县九区农民协会在这里成立,1930 年 4 月改称第九区苏维埃政府。6 月,区苏维埃政府遭破坏后,贺英曾在这里重新恢复苏维埃政府,并于 11 月 23 日在这里召开恢复区苏维埃政府和反围剿斗争胜利庆祝大会。1931 年 4 月下旬,湘鄂边五峰、长阳、鹤峰、桑植、石门五县及湘鄂边独立团的共青团代表在这里召开会议,选举共青团湘鄂边特委庄南香为书记,龚玉珍、李之均等 4 人为委员。自此,共青团湘鄂边特委机关设此屋东端的次间,庄南香以及九区童子团团长万开明等人常住这里,九区苏维埃政府设西端次间。天井后的房屋为食堂,联县政府及驻老街苏维埃各及团组织均在此就餐。

三、苏维埃商会、合作社旧址

位于五里坪老街中段南侧,坐南朝北,临街四扇六柱五骑,三大间,系悬山穿斗结构板装瓦屋,明间退堂后另接东西朝向的带檐横屋。该屋面阔 11.25 米,进深 7.7 米,临街屋架的中柱高 6.6 米,前檐柱高 5.1 米,后柱高 3.6 米,占地面积为 86.6 平方米。

1931 年 3 月,湘鄂边特委强调"赤区经济务须与白区相通,允许中小商人正当营业,经济流通与赤区工业品供给,必须以商人作中坚"。并在五里坪老街建起苏维埃商会合作社,联县政府主席龙在前兼任财政科长、由九区苏维埃政府副王席谷华庭负责。合作社发行商票,商票是皮纸做的,票面分 5 角、3 角、1 角三种,盖有苏维埃政府印章。用这种商票收购茶叶,再以私人商家名义将茶叶外销宜都、常德等白区,换回盐、布、生活日用品及药品,平价供应苏区人民,收回商票。供销社坚持了 7 个多月,到 1932 年初停业。

四、联县政府大会堂旧址

此旧址亦称为"湘鄂边苏维埃青年俱乐部"。为两进式悬山穿斗木结构瓦屋,位于老街中段北侧,东连五里坪苏维埃小学(时称列宁学校),西连九区妇女协会旧址。坐北朝南,面阔 13.6 米,进深 19.51 米,共有木柱 46 根,第一进前檐柱高 4.7 米,中柱高 6.1 米,后檐柱高 4.1 米,第二进前檐柱高 4.1 米,中柱高 6.6米,后檐柱高 3.7 米。当年湘鄂边联县政府曾将前后两进明间与次间的板壁拆掉作为会堂,会堂面积达 265.3 平方米。二进中厅搭有戏台,戏台左右各有一间小房为当时湘鄂边苏维埃青年俱乐部占用。前后两进房屋之间有一天井。天井内侧四面瓦檐雨水由天井阴沟排出。

联县政府大会堂旧址

1931 年 4 月至 9 月,中共湘鄂边特委、湘鄂边联县政府在这里主持召开过5 次群众大会,特委书记周小康和联县政府主席向经武、龙在前在这里做过多次演讲。1931 年 7 月 1 日在庆祝建党十周年的大会上,湘鄂边独立团参谋长董明主特大型赛歌活动、游行活动,青年俱乐部演"文明戏"《从军乐》和《欢送亲人当红军》。共青团特委书记庄南香组织的青年俱乐部从 5 月至 8 月,坚持每天演一场戏。苏区丧失后,这里成为土家族南剧等的演出中心。

参考文献

1.李百浩,刘炜,陈丹.关于湖北古镇的调查与研究.理想空间,2006[1]

2.中国科学院自然科学室研究所.中国古代建筑技术史.北京:科学出版社,2000

3.张良皋.匠学七说.北京:中国建筑工业出版社,2002

4.孙大章.中国民居研究.北京:中国建筑工业出版社,2004.8

5.汪月新.红色七里坪.延吉:延边大学出版社,2002

6.段进.城镇空间解析.北京:中国建筑工业出版社,2002

7. 王炎松. 鄂东南龙港老街景观特色研究. 武汉水利电力大学学报,1999(5):69—73

8.李百浩,徐宇甦,吴凌.武汉近代里分住宅研究.华中建筑,2000.3

9.湖北省红安县县志编纂委员会.红安县志.上海:上海人民出版社,1992

10.彭南生,定光平.近代市镇成长道路探析——南浔与羊楼洞的对比观照.江汉论坛,2004(2)

11.定光平.近代羊楼洞制茶业的特点及其影响.华中师范大学学报,2004(3)

12.湖北省蒲圻市地方志编纂委员会.蒲圻志.深圳:中国海天出版社,1995

13.张海涛.蒲圻风物传说.蒲圻:蒲圻市民间文艺家协会,1996

14.湖北钟祥县石牌志编纂委员会.石牌志.钟祥:钟祥县石牌公社管理委员会,1982

15.钟祥县志(同治六年).湖北省图书馆藏

16.湖北省地方志办公室.湖北地名趣谈.武汉:湖北人民出版社,1999

17.湖北省钟祥县县志编纂委员会.钟祥县志.武汉:湖北人民出版社,1989

18.钟祥县地名领导小组办公室.湖北省钟祥县地名志,1982

19.龙彬.风水与城市营建.南昌:江西科学技术出版社,2005

20.刘剀.中国传统民居防卫性研究.华中建筑,2005(2):120—122

21.郭谦.湘赣民系民居建筑与文化研究.北京:中国建筑工业出版社,2005

22.古镇小河溪编委会.古镇小河溪.孝昌:政协孝昌县文史资料委员会,2003

23.丁家元.湖北洪湖瞿家湾民居调查.华中建筑,2004(7)

24.监利县志编纂委员会办公室.监利县志.武汉:湖北人民出版社,1994

25.中共周老嘴镇委员会,周老嘴镇人民政府.周老嘴镇春秋.1994编

26.湖北省崇阳县志编纂委员会.崇阳县志.武汉:武汉大学出版社,1993

27.傅俊生等.洪湖县志.武汉:武汉大学出版社,1992

28.方华国.大别山——罗田旅游.罗田县旅游局,2002

29.湖北省阳新县县志编纂编委会.阳新县志.北京:新华出版社,1981

30.刘炜.湖北古镇的历史、形态与保护研究:[博士学位论文].武汉:武汉理工大学,2006.5

31.陈凡.湖北赤壁羊楼洞古镇研究:[硕士学位论文].武汉:武汉理工大学,2005

32.孟岗.湖北罗田胜利镇屯兵堡街研究:[硕士学位论文].武汉:武汉理工大学,2005

33.林楠.湖北赤壁新店古镇研究:[硕士学位论文].武汉:武汉理工大学,2005

34.闵雷.湖北监利程集古镇研究:[硕士学位论文].武汉:武汉理工大学,2005

35.江岚.鄂东南乡土建筑气候适应性研究:[硕士学位论文].武汉:华中科技大学,2004

36.鲁锐.湖北阳新龙港古镇研究:[硕士学位论文].武汉:武汉理工大学,2005

37.何展宏.湖北洪湖瞿家湾古镇研究[硕士学位论文].武汉:武汉理工大学,2005

38. 张莉. 湖北红安七里坪古镇研究:[硕士学位论文]. 武汉:武汉理工大学,2005

39. 庄程宇. 湖北孝昌小河古镇研究:[硕士学位论文]. 武汉:武汉理工大学,2005

40. 周红. 湖北钟祥张集古镇研究:[硕士学位论文]. 武汉:武汉理工大学,2005

41. 叶裕民. 湖北钟祥石牌古镇研究:[硕士学位论文]. 武汉:武汉理工大学,2006

42. 董争俊. 湖北监利周老嘴古镇研究:[硕士学位论文]. 武汉:武汉理工大学,2005

43. 陈丹. 湖北崇阳白霓古镇研究:[硕士学位论文]. 武汉:武汉理工大学,2006

后 记

　　近年来中国有许多古镇和传统民居都引起了人们的广泛关注,也有不少图书相继出版。在大小图书店里都随处可见有关古镇古民居的书籍和杂志。但是,在众多的相关图书中,却很难发现有比较详细和系统介绍湖北古镇及古镇文化的书刊! 难道在湖北这个历史悠久、文化内涵丰富的省份就没有自己的古镇或者说没有自己的特色吗? 带着这个疑问,武汉理工大学成立了"湖北古镇研究"的课题组,经过详细细致的调查和研究之后,今天这本反映湖北古镇历史及古镇文化的图书——《荆楚古镇沧桑》终于面世。

　　本书内容几年前就开始策划,全书由李百浩、刘炜两位作者经过实地考察、调研及史料考证之后精心撰写而成。

　　本书的出版有赖于许多人通力的合作与无私的帮助。

　　感谢日本神奈川大学高桥志保彦教授及其夫人,他们不仅为本课题研究提供了资助,而且多次实地调研,为研究带来了新的方法与技术路线。

　　感谢湖北省文物局祝建华处长,在调研过程中多次给予帮助,并为我们提供了大量的文物资料和历史资料。

　　同时,能够完成这些工作也离不开湖北省建设厅、湖北省文物局等单位的相关专家和人员的支持帮助,在这里对他们表示由衷的感谢。

　　本书中大量的文字实测图纸和照片是由武汉理工大学的孟岗、陈凡、何展宏、张莉、董争俊、鲁锐、陈丹、林楠、叶裕民、周红、闵雷、庄程宇、罗华、许菁、徐宇甦、余波、胡江伟、邓刚、王华、杨成锦等研究生同学完成的。没有他们的辛苦劳动,就不会有今天这样的成果。

　　由于历史文献资料的不足和部分古镇建筑的损毁,致使许多历史考证无法进行。如有偏颇或失误之处,还望社会各界给予指正。

李百浩(东南大学)

刘炜(武汉理工大学)

2012 年 3 月